信長と弥助

本能寺を生き延びた黒人侍

Yasuke
In search of the African Samurai
Thomas Lockley

ロックリー・トーマス
不二淑子［訳］

太田出版

YASUKE
In search of the African Samurai
by Thomas Lockley

This edition published by arrangement with the author
c/o Tuttle-Mori Agency, Inc., Tokyo

信長と弥助◉目次

木下祐三郎さんと木下雅恵さんに――おふたりがしてくれたすべてに感謝を。

第一章　日本上陸と信長との謁見

一五八二年六月二十一日[1]（天正十年六月二日）早朝、京都[2]の本能寺は夜の眠りから目覚めつつあった。日本のほぼ全土を統一した天下人、織田信長《おだのぶなが》[3]が顔を洗っている。その日は織田軍が西へ向けて出陣する日で、小姓衆も侍女も従者も、それぞれ出陣の準備のために起き出している。信長の側近である小姓衆は総勢二、三十人ほどで印象的な容姿の若者ばかりだが、その中

（1）本書ではユリウス暦を用いている。
（2）本書では可能なかぎり、日本の地名は現在の呼称を使用している。
（3）混乱を避けるため、日本人の人名は存命中のある特定の時期や死後に呼ばれた名前ではなく、現在一般的に認知されている名前を優先して使用している。

に、日本史上もっとも特異な容貌でひときわ眼を惹《ひ》く男がいた。背丈が驚くほど高く、坊主頭で、筋骨隆々とした体は真っ黒な色をしている。その男の名は弥助《やすけ》という。信長の道具持ちも務める小姓で、史上初の外国人侍だった。

突然、銃声が一斉に鳴り響き、早朝の平穏が打ち破られた。御殿にいた人々は逃げまどい、あるいは急襲をかけられたことを理解する間もなく銃弾に撃たれた。けっして起こるはずのないことが現実と化していた。ここ京の都《みやこ》は戦火とはほど遠い安全な場所で、しかも寺の周囲は味方の軍勢で固められているはずなのに。最初の衝撃が過ぎると、生き残った織田の兵たちが応戦を開始した。しかし寺を包囲した謀反人《むほんにん》、明智光秀《あけちみつひで》は信長のわずかな手勢を襲うために何千もの兵を擁《よう》しており、信長勢はあっというまに劣勢に追い込まれた。

その後、信長は殿中奥深くに引きこもったと言われている。すでに御殿には火が放たれていた。一方、主君の特命を帯びた黒人侍、弥助は燃えさかる本能寺を抜け出すと、主君の嫡男、織田信忠《おだのぶただ》の下に馳《は》せ参じ、二条御所での防戦に加わった。

しかし、信忠の抵抗は長くはもたなかった。軍勢は数が少なく、明智軍に制圧され、信忠の家来たちは全員、あるいはそのほとんどが討死した。信忠も切腹し、炎は御所もろとも彼の遺体を呑み込んだ。織田勢で唯一生存が確認されている侍が弥助だった。彼は明智軍に己の刀を差し出して投降したあと、近隣のイエズス会の教会堂に移送された。こうして、一年ほど前に信長に家臣に取り立てられ、歴史上に彗星《すいせい》のごとく現れた弥助という男は、同じくらい唐突に歴史から姿を消したのだった。

本書では、弥助という特筆すべき男の人生の中で現在判明している史実を分析し、同時にほとんど、あるいはまったく知られていない部分をほかの史料から推理して、空白のピースを埋めてみたい。読者諸兄とともに歴史探偵の旅へと繰り出し、三大陸にまたがる残酷で美しい数《あま》多《た》の物語を発見できればと考えている。

日本上陸

本能寺の変からさかのぼること三年前の一五七九（天正七）年七月初旬、中国南部にあるポルトガル領マカオから、大きな黒船が日本の九州に向けて出航した。世界最大級のその商船には、日本向けの高品質な中国製の絹織物が積み込まれていた。当時の日本は、信長の覇権が進むにつれて安定の兆しを見せ、都市の発展と文化復興が進みつつあった。また国内では金や銀が採掘され、実に旨みのある新興市場となっていた。その商船に、イエズス会の宣教師と従者の一行が乗り合わせていた。従者の中に、当時の標準でずば抜けて背が高く、強靭《きょうじん》な肉体を持った二十代前半のアフリカ人青年がいた。そのハンサムな青年はポルトガル風の衣服に身を包み、坊主頭に直射日光を遮るための白いターバンのような布を巻いていた。腰にポルトガルの大きな剣を佩《は》き、手には槍《やり》を持っている。その姿は世界中のどこにいても目立っただろうが、大男も黒人も見慣れていないこの地ではことさら人目を惹いた。日本の史料が伝えるところによると、その男は弥助と呼ばれることになる。

七月二十五日（天正七年七月二日）。長崎にほど近い島原半島の先端にある、口之津《くちのつ》という小さな港で黒船が錨《いかり》を降ろした。前方を見ながら漕ぐ日本の舟とは対照的に、進行方向に背を向けて漕ぐポルトガルの舟が一隻、湾に停泊する黒船から漕ぎ出してきた。黒船はその後、最終目的地であるキリスト教徒の新興の港、長崎へと旅をつづける予定だった。手漕ぎ舟には、黒いローブをまとったイエズス会の宣教師一行と、彼らのわずかな手荷物、そして少なくとも一人のアフリカ人従者、弥助が乗っていた。

舟は次第に海岸に近づいていく。浜のすぐ先は、深い緑の木々に覆われた丘の急斜面につながっていた。きっと弥助もあたりを見回し、この新しい土地の状況を判断すべく思慮をめぐらせたことだろう。当時の日本は群雄割拠《ぐんゆうかっきょ》の戦乱の世であり、弥助のおもな任務は、日本に上陸するイエズス会一行の代表である雇用主、宣教師のアレッサンドロ・ヴァリニャーノを護衛することだった。弥助は洞察力が鋭く呑み込みの早い男だったが、そんな彼の眼にも、口之津の景色には警戒させるような要素はほとんど見当たらない。これまでの上陸地、ムラカ（現在のマ

1900年頃の口之津周辺。弥助は 1579年にこの地に降り立った

レーシア）やマカオの喧騒《けんそう》とは異なり、口之津は何もない静かな漁村だった。そもそも、彼らが寄港したのは、日本の布教活動の責任者である布教長［イエズス会三代目日本布教長フランシスコ・カブラルのこと］が政治的な理由でたまたま口之津に滞在していたからにすぎなかった。

一五七一（元亀二）年以来、船舶はもっぱら大規模で便利な長崎港に停泊するようになっていた。すっかりさびれた口之津の入り江に久しぶりに黒船が入港するという知らせを聞いて、田舎を訪れる外国の要人を歓迎しようと地元の人々が瞬く間に集まった。その中には、身なりの整った村の名士や、髷《まげ》を結《ゆ》い夏用の薄手の着物を着て刀を二本差した侍、黒く長いローブを着て汗をかいたイエズス会士などもいたことだろう。口之津はキリスト教徒の村であり、とりわけ熱心な信者たちは神のように尊い来賓を出迎えるため、海の浅瀬まで出ていた。

イエズス会士たちは、一行を率いる巡察師［イエズス会総長の名代として各地の布教状況の査察・指導を行なった宣教師のこと］ヴァリニャーノ——アジア・アフリカ地域でもっとも高貴なカトリック教徒——を畏敬《いけい》の念を抱いて見つめていたことだろう。一方、日本人の視線は、威厳とカリスマ性を備えた厳格な宣教師さえも小柄に見せている彼の護衛、弥助にも注がれていたにちがいない。弥助は陸地に降り立つ主人を先導することは控えた。明らかな脅威は感じられないうえに、ここは母なる教会の威光を示すべき場面だったからだ。彼はぬかりなく武器を構えて、ヴァリニャーノのあとに続いた。

あたりに鋭く眼を光らせる弥助が地元の見物人たちを怯《おび》えさせ、また惹きつけるなか、一行は少し離れた場所にある布教本部まで歩き、ついにローマからもっとも離れたカトリック教会の辺境の拠点に到着した。インドからさらに東にあるこの壮大な旅の終着点に到着し、弥助は有頂天になったことだろう。少なくとも当分は、危険で不潔で乗り心地が悪く病気の蔓延《まんえん》する海洋船での旅——乗客の半分以上を死に至らしめるような過酷な試練——を経験しなくてすむのだ。ヴァリニャーノは、アジア地域の布教で最大の成果を挙げ、イエズス会の大いなる誇りの源泉である日本に、今後数年間は滞在する予定だった。数週間ぶりに固い地面を踏みしめた弥助は、新鮮な食材で作られた食事やくつろいで眠れる寝床に期待を膨らませただろう。

とはいえ、当時の日本は戦乱の世だった。戦国大名が熾烈《しれつ》な領土争いを繰り広げ、おそらく世界で最大かつ最強の装備を誇る軍隊同士が、驚くべき頻度で衝突し合っていた。一行が到着した九州地方は歴史的に対立と確執が根深く、分裂状態が続いていた。そうした敵対関係が、キリスト教に改宗した大名と、伝統的な宗教を信仰する大名や神の存在を信じない大名との宗教戦争へと急速に発展しつつあった。そんな状況下にもかかわらず、イエズス会宣教師は地元の大名から供与されたものをのぞいて、なんの世俗的な権力も軍事力も持たなかった。日本ではヴァリニャーノに近侍し護衛する者――しかも、弥助のように雇用主にだけ忠義を尽くし、地元のしがらみとは無縁である者――がぜひとも必要だった。地元の大名から命じられてイエズス会士の護衛についた侍では、土壇場になれば風変わりな外国人ではなく、本来の君主を優先させてしまうからだ。

イエズス会の一行には地元の食材を使った西欧風の料理が振る舞われた。野生の鶏とパンに、おそらく焼いた魚やスープも。さらにローマ教皇の勅命を受けた尊い使者の到着を祝うこの特別な機会のために、遠く西方から輸入された食材やワインも添えられたかもしれない。そしてその宴は、当時の人々には知る由もないことだが、アジア人をのぞいて歴史上初めての外国人侍となる男――何世紀にもわたって半ば伝説としてその名を響かせることになる男――の到着を祝う宴でもあったのだ。

食事を終えると、ヴァリニャーノは旅の疲れをものともせず、さっそく仕事に取りかかり、日本の布教長から布教活動に関する報告と最新情報を聞いた。弥助も警戒をゆるめず疲れを押して任務につき、戸口近くに護衛として立っていたことだろう。ヴァリニャーノはやがて日本人と彼らの生活様式に深く敬意を払うことになるものの、その時点ではまだ口之津の地を数分歩いただけであり、日本の状況には不案内だったと思われる。弥助は訛《なま》りはあるがポルトガル語を話せたので、ヴァリニャーノの仕事が終わるまで、ほかの外国人護衛や、宣教師に雇われているため片言のポルトガル語が話せる日本人護衛と世間話をしていたかもしれない。

九州での二年間

口之津は一時的な滞在先だった。弥助を連れたヴァリニャーノは最初の仕事を終えると、すぐに長崎へと移動した。当時の長崎は、キリスト教の布教とポルトガル貿易の主要拠点として急速に発展しつつあった。実際、その後まもなく、長崎は当地を治める大名、大村純忠《おおむらすみただ》によってイエズス会に寄進され、ポルトガル人の考えでは、彼らの永久植民地となった。

ヴァリニャーノは崇高なビジョンと人格を備えたエネルギッシュな人物で、休息をとるようなタイプではなかった。当然、従者である弥助にも——たとえ彼に怠け癖があったとしても——のんびりする暇はなかった。ヴァリニャーノは地元の信者を惹きつけるために布教活動の再編に着手した。まず、宣教師たちに対して日本語を話し、日本食を食べ、日本の風習に倣《なら》った暮らしをするように命じると、自らが範を示した。従者である弥助も、日本語と日本の文化や礼儀作法について学ばざるをえない環境に置かれた。彼は物覚えがよく、すぐに日本語を覚えた。ヴァリニャーノに出会うまえにすでにインドの現地語を一、二種類覚え、さらにポルトガル語を覚えた弥助にとって、日本語は、母国語以外に学んだ四番目か五番目の言語だったのである。

それから二年にわたって、弥助はヴァリニャーノの護衛兼従者として九州地方をめぐり、地元の信者の代表格であるキリシタン大名と面会したり、各地の布教拠点を訪問したりした。彼らは豊後（現在の大分県）、島原、長崎に滞在し、九州北部のキリスト教色の強い地域を巡回した。ヴァリニャーノのこの二年間での最大の功績は、かつてキリスト教を迫害していた島原の藩主、有馬晴信《ありまはるのぶ》に洗礼を授けたことだった。ヴァリニャーノは自分の肩書に威厳があり、相手の地位にこだわる日本人に強い印象を与えられることを理解していた。また聳《そび》え立つように背の高い大男の弥助を従えることで、ヴァリニャーノ個人だけでなく、彼の神と教会の持つ力と正義に箔《はく》をつけることになることも承知していた。結局、九州での二年間は、イエズス会とその協力者に対する目立った暴力行為はなく、比較的穏やかに過ぎた。弥助としても、護衛役としてはあまり仕事がなかったことだろう。もし日本到着があと一年早ければ、情勢はまったく異なっていたはずだ。一五七八（天正六）年、キリシタン大名、大友宗麟《おおともそうりん》は、キリシタンではない島津氏との戦《いくさ》で大敗を喫した。当時、大友氏は九州のより広い地域にキリスト教を布教するべく、神社仏閣を焼き払い、新たにイエズス会の教会堂を建設するなどして、軍事力を用いた強制的な改宗を推し進めていた。大友氏の敗戦後、その教会堂が島津軍によって焼き払われたため、宣教師たちは食料もないまま逃げ出し、数日間、命からがら逃げまわるはめに陥った。ヴァリニャーノはその一件を踏まえて、弥助という特別な護衛が必要だと判断したのだろう。

弥助は日本を旅した最初のアフリカ人ではなかったが、これだけ高貴な人物に随行したアフリカ人は彼が最初だったにちがいない。イエズス会士は清貧の誓いを立てて奴隷制に反対しており、通常はアフリカ人を伴うことはなかったからだ。ポルトガルやアジアのほかの地域から来た貿易商たち——宣教師とは異なる行動原理を持つ外国人たち——がアフリカ人を伴うことはあったが、この当時は貿易商が九州沿岸にある港から離れることは滅多になかった。したがって弥助は内陸部に赴くたびに、大騒ぎを引き起こした。地元の名士のあいだでは、キリスト教徒だろうとなかろうと、権威の象徴としてアフリカ人奴隷を使うという流行が始まったようだ。弥助は流行の発信者であり、その草分けでもあった。とはいえ、弥助本人にはおそらくその自覚はなく、注目を集めることにとまどったり、それを面白がったりしていたにちがいない。

前代未聞の行列

二年間九州の人々を沸かせたあと、弥助はヴァリニャーノが使節として都を訪問する旅に随行した。ヴァリニャーノはほどなく日本を去る予定であり、その前に日本最大の実力者である織田信長に拝謁し信任を得て、布教活動に対して長期にわたる庇護《ひご》を求めておく必要があった。

ヴァリニャーノ一行は豊後の大友氏から寄進された豪華な遊覧船で瀬戸内海沿いを堂々と進んだ。海賊の多い航路だったが何事もなく航行し――おそらくみかじめ料が支払われたのだろう――大坂近くの国際貿易港、堺に到着した。ろうそくや松明《たいまつ》、紋章旗、聖像が高く掲げられ、賛美歌を歌う聖歌隊の少年たちに伴われて、ヴァリニャーノはこの立派な服を着た人々の行列の先頭に立ち、聖遺物である十字架を携えて進んだ。堺ではこの素晴らしい行列を、とりわけ巨大な男、弥助をひと目見ようと徒歩の者も馬に乗る者も殺到した。一行が進む先々で人だかりができるため、商店が被害を受けた。雇い主に付き添って歩くことが常である弥助でさえ、群衆の中を進むために馬に乗らなければならないほどだった。

その後訪れる徳川幕府の時代には、諸藩の大名による参勤交代や、琉球王国や朝鮮の外交使節来訪の際に、豪華な行列がしばしば堺を通過することになるとはいえ、この内戦で荒廃した戦国時代には、イエズス会の行列はひときわ目を惹いたことだろう。当時の人々にとっては、まさに前代未聞の光景だった。列をなす人々のほとんどが見たこともない人種であり、全員が異国風のローブをまとい、聖歌隊の歌うラテン語の賛美歌は、その言語も旋律も耳慣れぬものだったため、行列のインパクトはさらに強まった。何キロも離れた地域からあらゆる階層の人々が集まり、一生に一度のこの見世物を一瞬でも見たいと声を張り上げたのも無理はない。

市外に出ると、彼らは馬から降り、おごそかに都を目指した。道中、一行は地元の名士である信者たちの世話になり、キリシタン大名、高山右近《たかやまうこん》とともにイースターを祝った。高山右近は日本でもっとも高貴で献身的なキリシタンの一人であり、領土内の非キリスト教徒を迫害したことでも知られる。後年、信仰を守るために領主の地位を捨てた彼は、異国の地、スペイン領のフィリピン、マニラでその生涯を終え、スペイン総督によって軍葬が営まれた。二〇一六年には、ローマ教皇により福者《ふくしゃ》［ローマ・カトリック教会における聖人に次ぐ称号］に認定された。

高山右近は高槻《たかつき》城でイエズス会一行を歓待した。豪勢な料理を振る舞い、数々の祝辞を送り、君主である信長との拝謁がなるべく早く実現するようヴァリニャーノを急《せ》き立てた。彼の真摯《しんし》な願いは、信長が右近や彼の父親と同様に、キリスト教徒になることだった。弥助の一行は京都に向かって北上する道中で、右近が領民に強硬に改宗を迫った痕跡——焼失した神社仏閣の跡地——を通り、新しく建築された教会の輝きを眼にしたことだろう。

この奇妙な行列をたまたま見かけた人々は、口をぽっかり開けて黒人の大男を見つめた。彼の存在は、ヴァリニャーノが強調しようとした宗教的な荘厳さをいささか損なっていたかもしれない。弥助の噂は本人よりも一足先に都に届き、弥助は到着したとたん再度もみくちゃにされた。宣教師たちは教会の建物が壊されるのを恐れ、弥助を隠して扉に閂《かんぬき》をかけると、護衛に野次馬を追い払うよう命じた。弥助はおそらく命の危険を感じていたにちがいない。いかに怪力を誇るといっても、数千人の群衆を相手に立ち向かうことは不可能なのだから。

しかし、その程度の対策では暴徒と化した群衆を抑えるには不充分だった。人々は弥助を見ようと一斉に門扉に突進した。その結果、一部の者はこの見世物の入場券のために踏みつぶされて命まで落とした。重傷を負った者たちもおり、宣教師たちは弥助自身と同じくらいショックを受けた。護衛たちは武士の手を借りどうにか群衆を抑え込んだ。その武士団を派遣した人物こそが、イエズス会の宣教師たちが敬意を払うために出向いた相手であり、他の追随を許さぬ日本中枢の支配者、巨大な軍隊の司令官、天皇の代理人である織田信長その人だった。

信長は弥助の風貌が引き起こした騒動を耳にして、誰が、あるいは何が治安を乱したのかを知りたがり、群衆が散開したあと、その〝黒い〟男と会わせろと要求した。そんな不思議な人間が存在することが信じられなかったのである。当然ながら、弥助は呼び出しに応じた。武器を置き、イエズス会の教会堂（別名、南蛮寺。現在の京都市中京区にあった）から五分ほどの距離を歩いて、信長の本陣、日蓮宗本能寺へ赴いた。巨大な黒人に同行したのは、信長と長い付き合いのイエズス会宣教師オルガンティーノで、日本のしきたりに則って仲立ちを務めた。

信長との謁見

信長はこの世にも珍しい見世物を愉しみにしつつ、その真偽をおおいに訝《いぶか》っていた。その男は実際に黒い肌をしているのか？　実は異人の悪ふざけではないのか？　あるいは、余興のためのでっちあげでは？　それを見破ることはできるだろうか？　ぜひとも真相を突き止めてやろう。ともかく、この見世物は宴を開く絶好の口実にもなった。弥助がオルガンティーノの仲介で拝謁したときには、すでに宴もたけなわで、列席者の多くは頬を赤くしてこの稀有《けう》で珍奇な余興を首を長くして待ち受けていた。

弥助の到着が告げられ、大広間に本人が姿を現した。弥助は信長からかなり離れた場所に両膝をつき、頭を床につけて礼をした。家臣たちから好奇の視線が注がれ、興奮したおしゃべりが聞こえてくるなか、弥助はじっと待った。広間の奥の一段高くしつらえられた壇上に座っていた信長は、オルガンティーノを通じて、弥助にそばに寄るよう命じた。

弥助は、信長と頻繁に謁見しているオルガンティーノから殿中での基本的な礼儀作法についての手ほどきを受けていた。大きな図体をぎこちなく動かし、頭をできるだけ低く下げて膝をついたまま、のっそりと前に進み出た。天下人から数メートルのところまで距離を詰めると、そこでまた頭を深々とさげて床につけた。信長は立ち上がり、この奇妙な拝謁者をじろじろと見つめ、起立するよう命じた。もちろん弥助は言われた通りにした。不安で鼓動が激しく打つのを感じながら、失礼のないよう重々態度に気をつけて。この拝謁には弥助の命がかかっていた。そして弥助自身は自覚してはいなかったが、彼の仕えるイエズス会の命運もまた、弥助の双肩にかかっていたのである。万が一にも信長の機嫌を損ねたら、この何をしでかすかわからないことで有名な武将は、怒りを爆発させかねない。実際、何万人もの人々がその怒りに触れて命を落としていた。信長を怒らせるのは賢明ではない。そして、彼は与えられた侮辱をけっして忘れない男だった。

黒人を間近で検分したあと、信長は上半身裸になるよう命じた。弥助はすぐさまシャツと胴衣《ダブレット》を脱いだ。弥助の黒い肌はこすられても引っ搔かれても色が落ちることはなかった。信長はようやくこの黒い肌が本物だと納得すると、弥助を宴に招きいれた。息子たちを呼び、都でもついぞ見かけたことのない、この驚くべき人間を見せた。そのときおそらく弥助も会話に加わったことだろう。会話というよりは尋問に近かったかもしれないが。なにしろ彼自身が余興の目玉なので、山ほど質問を浴びたはずだ――どこから来たのか？　なぜそんなに体が大きくなったのか？　巨人の国で生まれたのか？　なぜそこまで肌が黒いのか？　日焼けをしたせいなのか？　さらに怪力技を見せてくれとも頼まれた。信長との付き合いに慣れているオルガンティーノは、彼らの背後で堂々と正座をして控えていたことだろう。あるいは物珍しさと酒のせいで堅苦しい雰囲気が和らぎ、神父にも質問が飛んでいたかもしれない。オルガンティーノは事がうまく運んだことを神に感謝したはずだ。信長は、獅子《しし》の毛皮、鷹狩用の鷹、地図、目新しい道具など新奇な品の素晴らしい目利きではあるが、イエズス会であれほかの誰であれ、どんな異国の貢ぎ物を献上しようとも、この生身の人間の物珍しさに敵うはずもないのだから。

宴の終わりに、信長は甥に指示して、弥助に褒美をとらせた。紐に通した銅貨を十本、重さにして三十七・五キロ。重さはもちろんだが、金額も相当なものだった。弥助は軽々とその贈り物を受け取り、再び深々とお辞儀をすると、膝をついたままぎこちなくうしろにさがり、威厳を放つ信長の御前をしりぞいた。後退しながら巨体を無様に揺らす様子は、まるで伊勢海老が跳ねているかのようだった。それを見てくすくす笑う家臣たちの声が、上機嫌な別れの言葉や感嘆のため息とともに、弥助の耳の中でこだましていた。

数日後、ヴァリニャーノは信長と拝謁した際、金の装飾を施したビロードの椅子やクリスタルガラスなどを献上した。同時に、おそらく政治的配慮で弥助の献上を申し出たところ、信長が喜んで受け取ったと思われる。ヴァリニャーノは近いうちにゴア（現在のインド）へ、さらにはおそらくヨーロッパへ戻る予定で、今後、護衛の必要性は低いと思われた。また、日本出国までの期間も、イエズス会が信長の庇護下にあるかぎり、弥助が睨《にら》みをきかせる必要はなさそうだった。己の従者を信長のそばに差し出せば、イエズス会に長期的な恩恵がもたらされ、さらに貴重な情報源となるという計算もあっただろう。そんなわけで、弥助は世にも珍しい小姓として、信長の側近に加わることになった。

信長の小姓に

ほどなく、弥助は新しい主君の権勢と流儀を目の当たりにすることになる。信長が都で豪華《ごうか》絢爛《けんらん》な大規模騎乗パレード、京都御馬揃《おうまぞろ》えを催したのである。都の民だけでなく地方から集まった二十万人もの群衆を前に、世界各地から輸入された絹などの美しい装束に身を包んだ数百人の武将が、堂々と馬に乗って一斉に行進し、騎乗の技を見せた。信長自身も何頭か馬を乗り換えながら、小姓衆を引き連れて軽く馬を走らせ、観衆の話題をさらった。それはかつて誰も見たことのないような迫力の光景だった。インドや東アジアのポルトガル領で壮麗なショーを見る機会があった弥助でさえ、この新しい見世物と集まった群衆に圧倒されたことだろう。この壮大な催しに興味を持ったのは日本人だけではなく、外国人たちもまた、パレードの光景と賑やかさに眼を瞠《みは》っていた。

その後、弥助は新たな主君に従い、琵琶湖畔に建てられた信長の城、安土城《あづち》へ向かった。安土城は拝謁者の眼に信長の威光をまざまざと見せつけた。城郭は低い山の上に建てられ、その頂上には金箔をふんだんに使った巨大な天守が、当時大量に輸入された伝統的な中国画を思わせる安土の町並みを見下ろすように聳え立っていた。城内は大広間と広間、居室を備える複数の御殿や寺院から成っていた。ちなみに、弥助のような家臣の住居は山の麓《ふもと》か城下町にあるのが一般的だった。御殿の広間は精緻《せいち》な絵の描かれた屏風《びょうぶ》で狭い空間に区切られ、また壁や襖《ふすま》には、金箔を押した上に中国と日本の故事や山水を題材にした障壁画が描かれていた。信長は安土城を、自身が修繕費用を払った天皇の京都御所のかつての壮麗さに匹敵し、畏怖の念を抱かせる城にしようと考えた。安土城は天守閣を備えた最初の城であり、その後も、この城を模倣した城が数多く建築された。現在でも、戦に適した要塞と権力の中枢である御殿の二面性を持つ日本の城の原型とされている。

弥助の新しい住まいとなった安土の城下町は、城主一家やその家臣のおこぼれに与《あず》かり、裕福で活気にあふれていた。日々、新たな建物が造られ、古い建物は建て替えられた。遠方から商人たちが訪れ、日本の港で貿易商から購入した外国商品を持ち込んだ。弥助の到着後すぐに、信長はイエズス会に便宜を図り、神学校《セミナリヨ》を建設する土地を供与した。高山右近が建築作業の人員と維持費や食糧費を提供した。おそらく弥助も仕事の合間に時折セミナリヨを訪れていたこ

安土城図

とだろう。しかし、弥助にとってより重要な変化は、彼自身が従者付きの私宅と扶持《ふち》［武士が主君から米で与えられた給与］を付与されたことである。さらに、新しい地位にふさわしい衣服と武器も与えられた。下《か》賜《し》された品々の中でもっとも上等な品は、巧緻な装飾を施した鞘《さや》付きの腰刀だった。それは高い地位と栄誉の象徴であり、軽々しく下賜される品ではなかった。信長の息子たちでさえ、父親から似たような品を授かったときには泣いて喜んだほどである。

　めまぐるしく運勢が変化し、弥助は宣教師の従者兼護衛から、日本でもっとも高貴で権勢を誇る織田家の威容を示す家臣となり自邸を構えるまでになった。その後も、弥助は信長のそば近くに留め置かれ、ほかの数人――家柄もよく将来を嘱望された見目麗しく強健な若者たち

――と共に小姓として仕えた。武士のしきたりに則り、信長はこうした若者たちに身辺の世話をさせて重用した。一方、小姓は主君と性的な関係を結ぶことも多く、主君や仲間の盾《たて》となり、名誉のために命を賭して戦う役目を負った。弥助もこの若く美形揃いの小姓衆の一員として、信長と性的な関係を持っていた可能性はある。異国人である弥助は、とりわけ信長を惹きつけたかもしれない。

信長の気が向けば、小姓衆を従えて旅に繰り出すこともあった。埃《ほこり》っぽい道を馬で駆け、城や寺や神社を訪れ、川や湖や温泉で入浴し、その土地の料理に舌鼓《したつづみ》を打った。鷹や弓を使って狩りをし、さまざまな競技大会を催した。こと力比べとなれば、どんな競技だろうとも弥助はあらゆる敵をなぎ倒した。また信長は弥助の怪力や強靭な肉体だけでなく、彼の知性も気に入り、遠い異国の国々や日本文化、狩り、戦、武器、戦術について弥助と話すことを愉しんだ。

訓練された兵士である弥助は、信長に日本とはまるで違う地形での戦争――風変わりな戦法や、象や大砲といった武器の使用――について新たな知見を授けることができただろう。当時、信長は大砲を実験的に使用しはじめたばかりだった。しかし、弥助の話を聞いた信長が、ぜひとも実際に試してみたいと思っても、彼の立場ではそういうわけにもいかなかった。当時の実戦は下級武士の手に委ねられ、信長たち武将は、何万人もの家臣を指揮する側に立つのが常だったからだ。すでに信長は越後の上杉氏による侵攻を撃退し、最後の寺社抵抗勢力も鎮圧して、みずからの政治支配に対する脅威をほぼ全滅させていたが、豊かな財力と強大な軍事力を持つ毛利氏が大きくたちはだかっていた。その毛利軍でさえ、遠く離れた本州最西端の領国へじりじりと後退させられていた。弥助たち小姓衆は、信長とともに安土に滞在したり家臣団との行軍に随行したりした。当初はその新奇さのために召抱えられた弥助だったが、次第にときに信長の刀持ちとして、ときに護衛として有能な側近の一員となった。

信長のそばに仕える生活は、浮かれ騒ぎとしきたりの習得だけで過ぎたわけではない。ある日、信長は側近たちと所用で外出した。予定では出先近くの城にひと晩宿泊してから帰城するはずだったが、信長は半日で用事をすませ、外泊を取りやめて夕刻に安土に戻った。ところが侍女たちは主君の帰城は翌日だと思い込み、居室の準備をすませておらず、城に残っていた侍女たちはみな怠慢の罪でその場で殺された。地元の寺を訪れていた侍女たちも探し出され処刑された。寺の僧侶が助命を請うと、その僧も成敗された。信長は己に逆らう者に対してはどこまでも非情になり、天下人たる彼の統治に対するいかなる反抗も許さなかった。

一五八一（天正九）年の夏、領民や拝謁した大名たちのために、いかにも信長らしい華やかな行事が開催された。その中には、安土での御馬揃えや相撲大会などもあった。相撲大会の優勝者には百石《こく》の米（百人が一年間食べられる量の米）が贈られた。当時の米は通例、富と権力を持つ者にしか入手できないものだった。つまり、この賞品はまさに大盤振る舞いであり、おそらく優勝者は賞品の米を小分けにして売りさばいたことだろう。

弥助が安土で見たもっとも素晴らしい光景は、おそらくお盆だったにちがいない。お盆には安土城全体から安土山、その下の琵琶湖にいたるまで無数の提灯《ちょうちん》で照らされた。安土城の護衛たちも湖岸から遠く離れた舟の上で提灯を手にして立った。その光は穏やかな湖水に反射し、ちらちらと揺らめいた。きっと帰ってきた先祖の霊も子孫が息災だと知り、心置きなく黄泉《よみ》の世界へ戻っていったことだろう。

日本中からやってくる拝謁者たちは、信長の治世を受け入れる証として贈り物を持参した。信長が宝石や高価な織物、馬、日本産のハヤブサの雛《ひな》、とりわけ貴重な品である朝鮮から輸入した二十五羽の鷹（当時、日本にはない希少種だった）を受け取るときに、弥助もそばで控えていたかもしれない。鷹狩用の鷹の（通常は蝦夷《えぞ》などの遠い北方の地域から購入された）購入費用を考えると、異国の鷹二十五羽は、小さな領国を破産させかねないほどの高額な品であった。それを天下人へ献上するという行為は、とてつもない敬意の証であり、また、信長が日本国内でどれほど名声と支配を確固たるものにしていたかという証でもある。

一方、信長が下賜することもあった。特に安土城のデザインと装飾に携わった名高い画家、狩野永徳《かのうえいとく》には幾度も褒美を取らせている。また彼が描いた『安土城図屏風』は、信長から最後の謁見の場でヴァリニャーノに贈られ、その後、日本の高度な文明と芸術の証として、ヴァリニャーノからローマ教皇グレゴリウス十三世に進呈された。

狩野永徳とその一派は、一五九〇年代以降、名高い南蛮屏風を制作しつづけた。長崎での〝外国人〟の様子を描いた南蛮屏風は、ヴァリニャーノの二回目の来日をきっかけに制作が始まったと思われる。したがって、残念ながらそこに描かれた黒人の中に弥助は存在しないが、その後、狩野一派が無数に描いた黒人のモデルとなった可能性はおおいにあるだろう。信長の脇に控えた黒人侍が、狩野永徳という画家に忘れられない印象を残したとしても不思議ではない。

信長の凱旋

秋になり、信長の領国の南に巣食った膿《うみ》を切開するべきときがやってきた。山深い伊賀国（現在の三重県西部）には独立心旺盛で反抗的な領民と忍者の一族が暮らし、外部から支配しようとする勢力との衝突が長らく続いていた。しかし、信長配下の武将は、信長が得意とした電撃戦法を彷彿させる、迅速かつ容赦のない軍事作戦で勝利を収めた。戦のあとで信長は脇に弥助を従えて馬に乗り、敗れた国を検分してまわったことだろう。そこには生存者のほとんどいない焦土と化した荒地が広がっていた。信長は二年前の敗戦の雪辱を果たし、南部の不安を取りのぞいたことで、おおいに気をよくし、武将たちを気前よくもてなした。一方、伊賀国の敗残者は深い森の中からその様子を見つめ、家も食料も失ったまま凍えるような冬を待つしかなかった。信長と織田軍は、豊かで快適な冬を安土で迎えるべく帰陣した。

やがて新年を迎えると安土城が開放され、銅銭百文《もん》の入場料を払えば誰でも見学できるよう取り計らわれた。諸国から大名や名士がやってきて偉大な城にぽかんと見とれ、信長とその一族に敬意を表して貢ぎ物を捧げた。こうした機会には、信長は弥助をそばに侍らせたがったことだろう。拝謁者たちは弥助の姿に眼を瞠りながら信長に近づき、貢ぎ物を仲介者を通じて献上してから退席したはずだ。元旦は登城者があまりに多く、城に登る道に群衆が殺到したため石垣が崩れ落ち、行列の後尾にいた人々が巻き込まれて死人も出た。負傷者は数知れず、若い道具持ちの中には刀をなくした者もいた。弥助は織田家一族や側近とともに先頭にいたため難を逃れたと思われる。

信長は次第に東国［近世において畿内の東側にある国の総称］や北陸の支配を固めつつあったが、東国では山岳地帯にある領国の大名、武田《たけだ》勝頼《かつより》が粘りを見せていた。信長は山国で抵抗を続ける武田氏に対して過去十年にわたり何度か戦で勝利し、そのたびに武田軍を壊滅させてきた。そのため、現武田軍の兵士は大半が若く、経験が浅くて士気も低く、脱走兵や裏切り者が続出していた。

そうした状況を把握している信長にとっては、武田家の家臣を織田方に寝返るよう説得するのはさほど難しいことではなかった。最初の一人が密約通り主君を裏切ると、信長の後継者、織田信忠は信長の指示に従い、またしても電光石火のごとき進軍で国境を越えた。すると統率を失った敵軍の残兵たちは総崩れとなり、予想通り多くが逃亡した。信忠の行軍の跡には焼失した廃墟と多数の死体が残された。寝返ることを拒否した家臣たちは、みずから妻子を手にかけたあと自害した。信忠は進軍を続け、武田勝頼を山中深くの平屋敷に追いつめた。勝頼一行は数人の手勢と女たちだけになっていた。彼らは信忠に捕らえられると、全員が斬り殺された。

安土に続々と運ばれ、信忠勝利の証拠として晒《さら》された敵将たちの首級を、弥助も見たことだろう。信長はいてもたってもいられず、同盟国と取引して四方の守りを固めたあと、手勢と側近を率いて戦場に乗り込んだ。同盟国の盆地を駆け抜け、次第に山間部へと登っていく。安土に比べて低めの土地から、武田氏の城のある焼き払われた山々へ。目的地には予定よりも早く到着した。弥助が日本のこの地域に足を踏み入れたのは初めてのことだった。高地の身を切るような寒さは初体験だったが、いまや信長のお気に入りの一人である弥助は、温かな詰め物入りの鎧《よろい》を身にまとって馬に乗り、誇らしげに主君のそばに控えていた。

討ち取った武田家当主の首実検を待つとの報がはいったとき、信長一行はまだ山中にいた。数日後、現地に到着すると、信長は礼儀を失した悪名高き所業を行なった。勝頼の首級を満足気に眺めたあと、罵詈雑言《ばりぞうごん》を浴びせたのである。おそらく弥助もその現場に居合わせたことだろう。もしかすると弥助が教えた異国の悪習なのかもしれない。何はともあれ、弥助は厳寒の地で暖を取るために体を動かしつつ、主君の究極の勝利をおおいに喜んだにちがいない。

武田軍の最後の首級は現地で晒し首にされたあと、早馬を中継して京都まで運ばれた。信長は新たに獲得した領土の処理に取りかかり、かつての武田家の城下町、甲府など重要な町を見てまわった。旧武田領を分割して一部を弥助に新たな領土として与える案が出たという噂もあったが、実現はしなかった。たとえ実現していたとしても、家臣も持たず親類縁者もいない弥助が、敵意を抱く領民の暮らす土地を与えられても苦労するだけだったと思われる。

信長一行は、雪をかぶった山間《やまあい》の道をゆっくりと南下した。途中、旧武田領の主要な町や軍事的拠点を見学しながら、叩頭［頭を地につけておじぎをすること］を拒否した寺は焼き払い、戦後処理を行ない、残党を掃討し、さらに首級を挙げた。

夜になると、人々は寒さで凍え死んだ。弥助は屋内に宿泊していたとはいえ、暖を取る手段はほとんどなく、温もりを逃すまいと上掛けをかぶって、この世にこんな寒さがあるのかと驚いていたにちがいない。食糧が底をつきかけていたが、信長は兵たちに気を配り、扶持米を支給すると、任務を解いて先に帰国させた。弥助を含む側近たちは信長に随行し、さらに南へ下った。一行は、信長と同盟関係にある徳川家康《とくがわいえやす》がこの合戦で征服した旧武田氏所領をめぐりながら、安土に凱旋する予定だった。また、別の重要な同盟国の大名、北条氏政《ほうじょううじまさ》――武田勝頼の義理の兄であり、武田家とはかつて固い同盟関係にあった――からは捕獲したばかりの雉《きじ》を含む、さまざまな貢ぎ物が届けられた。

ある日、山道からふいに別の道に折れたとき、雪をかぶった雄大な富士山の頂が姿を現した。富士山は冬の明るい陽光を浴び、薄い水色の空を背にきらきらと輝いていた。この壮大な絶景を前に、信長一行は意気揚々《いきようよう》と歩を進めた。このときばかりは弥助も寒さを忘れ、無残な状態の敵国の領土と、それを囲む素朴で優美な自然の対比に驚嘆しながら美しく荘厳な景色を愉しんだことだろう。

やがて一行は徳川氏の領地にはいった。家康は信長の凱旋旅行の接待役を務めた。まず、深い山を抜ける街道を拡張し、さらに、宿泊施設として側近の兵たちには木造の仮設小屋群を、信長一族には三重の柵で囲んだ陣屋を造営した。生き延びた兵たちの空腹を満たすため、地元住民に手持ちでもっとも良い食材と飲料も提供させたので米や穀物、さまざまな根菜、秋に収穫され干した果物などが集まった。保存された大豆製品やにごり酒、蒸留酒を献上する者もいた。徳川氏は海の魚の干物や丸々太った川魚、狩りで仕留めた動物の肉（当時は獣肉を食べることが宗教的にはばかられたため、〝鯨《くじら》肉〟と言い換えられていた）、上級家臣向けに野鶏なども供したことだろう。しかしながら、信長とその側近には、遠く離れた京都や堺、そして地元の町から献上された最高級の食材だけが供された。

徳川家康は美食家で有名で、京都から包丁人と呼ばれる料理長たちを呼び寄せて豪華な料理を作らせた。彼らの包丁さばきと肉の繊細な切り分けは、馳走となるために殺された動物の魂《たましい》を鎮めて浄化するだけでなく、その晩の歓待の目玉となった。安土での豪華な料理に慣れつつあった弥助でさえ、華麗な包丁さばきで、死んだ魚がまるで息を吹き返すようにさばかれていく様子や、鶏肉が調理後に、再び生きた一羽まるごとの鶏のような形に仕上げられた料理を見て感嘆しきりだったろう。

凱旋の旅はいっそうのんびりと進み、家康は信長を名所や史跡に案内したり、景色のいい場所で茶会を開いたりした。弥助もきっと参加したかっただろうが、小さく素朴な小屋である茶室にはいるには彼の体は大きすぎた。富士山に近づき、その裾野をめぐりながら、信長一行は徐々に大きくなる白と黒の美しい山を眺め、旅を続けた。富士山を背に、信長と小姓衆はいつものように身体能力を競う競技会を開いた。弥助は腕力勝負には勝てたものの、馬乗りでは勝利を収めることはできなかった。

道中、徳川家の居城に立ち寄りつつ、海沿いに出るまではのんびりとしたペースが続いた。それから一行は東海道に出て、徳川領内を西へ進み、織田家の領地を目指した。一日の旅の終わりには、金銀をちりばめた特別仕様の宿泊所に滞在した。また、信長は茶室で過ごして心身の疲れを癒した。天竜川のような激流には、家康が多大な費用をかけて、金箔を施した史上初の舟橋［河川に舟を並べ、その上に板を張って、通行できるようにした仮設橋］を架け、信長と弥助の一行が川を渡れるようにした。そんなふうにして安土への凱旋の旅は続いた。安土に帰城すると、領民たちが喝采《かっさい》し、貢ぎ物を差し出して歓待した。

本能寺での弥助

その間にも西国の毛利氏との攻防は、信長の腹心の武将、豊臣秀吉《とよとみひでよし》の快進撃と独創的な戦術のおかげで、織田方の有利に傾きつつあった。しかし、秀吉が川を堰《せ》き止め、包囲中の高松城を水攻めにするという奇策の準備に取りかかったところで、毛利輝元《もうりてるもと》みずから援軍を率いて進軍中との報を得た。劣勢を危惧した秀吉は、信長に援軍を要請。信長は即座にもう一人の側近の武将、明智光秀に先鋒として西へ出陣するよう命じた。明智の居城は京都の北側、亀山にあった。彼はすぐさま一万三千人の兵を集め、人数分の兵糧《ひょうろう》を調達した。ほどなく信長自身も弥助を含めた二十～三十人の小姓衆を率いて安土を出立。予定より早く京都にはいり、本能寺に宿泊した。本能寺は一年前に弥助が初めて信長と謁見し、たいそう信長に気に入られた場所でもあった。信長は公卿《くぎょう》衆をもてなしたあと、床についた。

翌日の未明、都は武装した兵であふれかえっていた。明智軍は行き先を変更して市中にはいり、戦略上の要衝を押さえ、通りを占拠していた。重装備の歩兵や弓の射手、銃の射撃手たちは本能寺を包囲し、逃げ道をふさいでいる。謀反の準備が着々と進められる一方で、信長たちは安全な場所にいると信じ、安穏と眠りについていた。数人が形ばかりの警備につく以外は、見張りすら置かれていなかった。僧侶たちはとうの昔に本能寺から追い出されており、夜半に読経する者も儀式を行なう者もいなかった。弥助と、信長のお気に入りの小姓、森蘭丸は信長の寝所の中、主君のそば近くで眠っていたことだろう。毛利氏との戦に出陣する前に情熱の一夜を愉しんだのかもしれない。

明け方、信長一行が目を覚ました直後、銃声が轟《とどろ》いた。続いて境内に向かって矢が放たれる。反乱軍が塀《へい》を乗り越え、門兵を殺害し、狭い戸口を抜けて広い境内になだれ込んだ。突入する兵の背後から組織だった銃撃隊の攻撃がつづき、前線を守る織田の兵の抵抗を断ち切った。和紙と薄い板で造られた寺院の建物では、攻撃を避けることもしのぐこともできない。つづいて、大勢の兵が広大な敷地を埋めつくし、あちこちに点在する多くの建物を取り囲んだ。守りの兵たちは慌てて武器をつかんだ。御殿に絶叫と怒号と悲鳴――その多くは声の主の絶命と同時に途切れた――が入り乱れた。屋根を支える太い柱の陰に身を隠すことができた者たちは、避けられない襲撃に備えて武器を構えた。人間の体を切り裂き、抉《えぐ》る音が無慈悲に響いた。矢が木造の床や壁に突き刺さる衝撃音。まだ温かい人間の体や布団に貫通するくぐもった音。さらに、銃弾を撃ち込まれた木製の枕や小さな棚や仏具が方々に飛び散り、御殿内部にぶつかって跳ね返る音が響いて、さらなる混乱を引き起こした。銃弾とともに、家具や仏具の危険な破片も殿中を貫き、境内を飛び交った。

銃弾に続いて、明智軍は刀や槍を振りかざしながら中庭を突進しはじめた。生き残った数少ない守りの兵たちは、庭を走って襲撃を阻止しようとしたが、何百という数の敵兵に制圧された。高松への出陣に備えて厩《うまや》で馬の世話をしていた者たちはそこで応戦し、信長のいる御殿への侵入を防ごうとした。奥の台所の戸口では、一人の織田兵が明智軍の侵入を阻《はば》もうと孤軍奮闘した。織田の兵は誰もが最期まで勇敢に戦った。しかし、御殿の入口を体を張って守っていた者たちが、ついに圧倒的に上回る数の敵兵に戸板ごと押し倒された。廊下で応戦する者たちは命が尽きるまで抵抗をつづけた。護衛や小姓衆といった殿中の兵たちは、壁で仕切られた信長の居室のほうへじりじりと押されながらも果敢に応戦した。織田兵は居室の手前でしばらく持ちこたえていたが、とうとう敵を防ぎきれず主君の間に倒れ込んだ。

数分間で数千発の銃弾が撃ち込まれ、殿中には火薬の煙が立ち込めていた。硝石《しょうせき》のような硫黄と尿の鼻をつくにおいがあたりに充満した。明智軍が織田兵をほぼ一掃した頃、木造の御殿に火が放たれた。炎が床を這い、壁から屋根の梁《はり》まで燃え上がり、やがて業火と化した。

敵が殿中に侵入し、居室の壁を突き破った瞬間、信長が中から姿を現した。彼はみずから次々と矢を放ち、弓の弦が切れると、薙刀《なぎなた》を振るった。明智軍はなんとしても標的たる信長の息の根を止めようと攻撃を続けた。信長はみずから応戦し、その脇で大男の弥助が刀を振るって敵の侍たちを食い止めた。そのとき、敵兵の槍の切っ先が信長の腕を捉えた。天下人はついに悟った――世界中の権力と軍を集めても、己の窮地を救うことはできないということを。彼は戦いつづける兵たちに無駄死にするなと申しつけると、森蘭丸と弥助を連れて殿中奥深くの間へしりぞいた。そのとき信長は、敵も女に手をかけることはあるまいと言って女房衆に逃げるよう命じた。

残された時はごくわずかで、形式を整えている時間はなかった。白装束《しょうぞく》もなければ、辞世の句もなく、奉書紙を巻かれた切腹用の刀もなかった。しかし、信長はなんとしても自害を遂げる必要があった。敵に捕縛され、公開処刑などの辱めを受けるわけにはいかない。信長は小刀を持ち、腹に当てた。蘭丸は主君であり愛人である男に対する最後の奉仕を行なった。弥助はそばで番をしながら、蘭丸の長い刀が信長の首を切り落とす様子を、恐怖と畏怖の念をもって見つめていたと思われる。弥助には、この事態が日本をどう変えるのか理解する余裕はなかっただろう。一刻も早く逃げたいという本能と、主君への忠誠を遂げたいという思いと、主君と自分を破滅に導いたものを徹底的に破壊したいという衝動で、彼の心は引き裂かれそうだった。たった数分前には、弥助は日本でもっとも偉大な権力者の栄えある側近だったというのに、

明治初期に描かれた『本能寺焼討之図』。信長は右端に描かれている。弥助は主君の隣で応戦したことだろう。楊斎延一（ようさいのぶかず）画

いまやその主君は死に、彼自身も生命の危険にさらされていた。

蘭丸が主君の首を切り落とすと、次に弥助が蘭丸のために同じことを行なったことだろう。その後、ようやく弥助は脱出の準備を始めた。それは信長の最後の命令――「我が首と刀をけっして敵の手に渡してはならぬ」――を遂げることでもあった。首級が敵の手に落ちて晒される冒瀆《ぼうとく》を避けるため、信長は己の首を、できれば遺体とともにここから持ち出すよう弥助に命じていた。そして主君の刀は本来、後継者たる信忠が受け継ぐべきものである。弥助はこれを信忠のもとに届け、信忠とともに仇を討たなければならない。

弥助は主君の首と遺体を抱え、刀を手に持つと、地獄のような業火から脱出すべく奥の間の襖を開けた。そのとき、織田軍の残兵が十人ほど飛び込んで

きた。弥助が抱える主君の遺体を見た途端、残兵の長は即座に状況を理解し、こう決断した──もっとも重要なことは、主君の首をすぐさま火葬することだ。首を長く手元にとどめておけばおくほど、敵の手に落ちる危険が増す。そこで、残兵の長は弥助に対し、すぐさま主君の刀を信忠に届けるよう指示した。信忠はすでに正式に家督を譲られているとはいえ、信長亡きあと、この刀は正統な後継者としての証となるだろう。刀は弥助に託され、いかなる手段を用いても信忠のもとへ届けることになり、首と遺体は織田の兵たちが責任を持って火葬することになった。

異様な熱さの中、弥助たちは轟々《ごうごう》と燃える炎と火薬の煙に包まれた空っぽの御殿にいた。彼らの闘争本能にスイッチがはいった。弥助と織田の兵たちは炎と煙の中を突っ走り、燃える障《しょう》子《じ》や薄い壁を避けながら殿中を駆け抜けた。

明智軍よりも寺の境内を把握していた弥助は裏口を目指し、信長の遺体を抱えた残兵たちがそれにつづいた。彼らは御殿が敵に囲まれているものと信じていたが、実際には明智軍はすでに燃えさかる御殿から撤退し、焼死を避けるべく中庭にしりぞいていた。殿中の織田兵はすでに死んだか、いずれ焼死すると判断したからだった。おもに僧房が立ち並ぶ御殿の裏手側には、敵兵の姿はなかった。おそらく今は近所の通りを見回っているのだろう。弥助たちは人目につかないよう、ごみや堆肥《たいひ》が溜められた一角にある松の木立のほうへ向かった。弥助はその奥の塀を乗り越えて脱出するつもりだった。

織田の残兵たちは主君の首と遺体を燃やすための薪代わりになるものを探しはじめた。弥助は塀によじのぼって飛び越えた。彼は新たな主君、信忠——本能寺のすぐそばの、同じ日蓮宗の妙覚寺に宿泊していた——のもとへ駆けつけるべく北を目指した。十人の残兵とはそこで別れた。彼らは松の木立の陰に隠れ、周辺や堆肥の山から乾いた葉や小枝や松の細い葉をかき集めると、信長の遺体の上にかぶせて火をつけた。のちに弥助が聞きおよんだところでは、織田の残兵たちは、信長の身を案じて境内に侵入した織田家と縁の深い阿弥陀寺の清玉上人《せいぎよくしようにん》と僧侶たちに主君の首と遺体の埋葬を託し、本懐を遂げて切腹したということだった。上人たちは明智兵に見つかることなく無事に信長の遺体を荼毘《だび》に付し、その大切な遺灰を阿弥陀寺に持ち帰って葬儀を行なったという。

本能寺を脱け出した弥助が本懐を遂げるには、まず一万三千の明智兵を回避しつつ、妙覚寺までたどり着かなければならなかった。明智兵がすでに京の通りを占拠していようがいまいが、いずれかならず彼らも信忠と残りの織田家追討のために北上するだろう。途中で捕まる危険性が高すぎるため、弥助は通りを避けて、塀を飛び越え、屋根にのぼり、家や庭を走り抜けた。追手の眼をかいくぐり、夜間の土嚢《どのう》運びから恐る恐る戻る者たちや、早朝の仕事に出かける者たちの脇をすり抜け、衝撃的な本能寺炎上の報に叩き起こされて不安に怯える京の民を驚かせながら。明智軍に行く手をふさがれたときには、相手が驚いた隙を狙って飛びかかり、刀を振りかざした。弥助に出くわした明智兵たちは、顔も衣服も血と灰にまみれた悪魔のごとき黒い大男を見て度肝を抜かれ、そしてその巨体と怪力にたちまち圧倒されたことだろう。

ほどなく、弥助は信忠の率いる手勢と合流を果たした。信忠一行は、二条御所へ急いで移るところだった。弥助もこれに加わった。このとき、おそらく弥助は信忠に直接、あるいは家臣を通じて、信長の貴重な刀を届けることができたことだろう。信忠一行は御所を占拠すると、門を固く閉ざし、塀際で配置についた。信忠は御所内の皇族たちに対し、身の安全のためにここを出るよう促した。皇族たちは都を移動する際に通常行われる荘厳な儀式を省き、護衛に付き添われ、ただちに御所を辞した。

しかし、御所の防衛の望みは薄かった。まず、兵の数が圧倒的に少なかった。また、二条御所は京都という低地に、もともと信長の京屋敷として造られたもので、籠城に適しているわけではなかった。本能寺よりも狭く、信忠の兵の数は信長の手勢よりは多かったとはいえ、それでも御所は一握りの兵で効果的に防衛するには広すぎた。ほどなく明智勢に御所を包囲され、戦が始まった。織田軍は侵入した敵兵に刀を振り回して襲いかかり、殺し合いのあと、生き残った兵はいったん信忠のもとに退いて集まり、それから再度攻撃に打って出ることを繰り返した。

実際の戦況を分けたのは銃だった。明智勢は二条御所周辺の住居を占拠して、御所を守る兵を上から見下ろす形で銃を構えて攻撃した。信忠の手勢は勇敢だが無益な最後の抵抗を試みた。弥助も仲間の兵とともに、何度も何度も攻撃に打って出た。打って出るたびに新たな傷が増え、少しずつ活力が削《そ》がれていった。

弥助を含む織田軍は最後まで敵と戦ったが、明智勢の突入を防ぐことはできなかった。味方が一人また一人と銃弾を、矢を、ときには刃《やいば》を受けて倒れた。御所にも本能寺と同様、火が放たれた。信忠は父親同様、これが最期と覚悟を決めると、家臣に己の遺体を通路の下に隠せと命じ、腹をかき切った。それから首が切り落とされた。その後、おそらく弥助のような数少ない生存兵の誰かが、信長を荼毘に付した僧侶に遺体の隠し場所を教えたのかもしれない。信忠の遺灰は信長の墓の隣に埋葬されたという。あえて言うなら織田家にとって信長につづく、死を以て得た勝利だった。

目覚めたばかりの都の家々の庭や裏通りを疾走し、果敢に戦いながらも、己の命が風前の灯《ともしび》だということは、弥助も重々承知していたことだろう。結果的に弥助は明智勢に取り囲まれたが、彼らは初めて相対する黒人侍をどう処すべきかとまどったようだった。弥助は明智軍の侍に、己が振るっていた刀を没収された。敵に打ちのめされたのか、体が動かなくなったのか、あるいは単に生き残る機会を得て喜んで差し出したのか、いずれも定かではない。このときの時刻は、まだ午前八時頃だった。

弥助は見るからに昂奮状態にある明智光秀の前に引き出された。光秀はすでに次の一手を練り、織田家の残党狩りを指示し、死んだ敵将の遺体と首級を探し出せと命じていた。徹底した残党狩りに加え、無慈悲な拷問や殺害が都のあちこちの路地で行われた。一刻の猶予もなく苛《いら》立《だ》っていた光秀は、弥助を見るなり家来に向かって、この〝黒い獣〟を南蛮寺へ連れていけと怒鳴りつけた。この男は日本人ではなく、重んじるべき名誉を持たない。それがあれば、とっくに自害しているはずだ、と。そこで光秀の家来は、恐れおののく丸腰の弥助を、歩いて五分ほどの距離の南蛮寺――一年前まで弥助が過ごしていたイエズス会の教会堂――へ護送した。

南蛮寺へ向かう道すがら、通りに立ち並ぶ家々の中から金切り声や悲鳴が聞こえてきた。京の民たちは斬り殺されたり、逃亡者を匿《かくま》っていないか拷問されたりしていた。戦から逃亡した一握りの織田兵には切腹の栄誉は与えられず、一般の犯罪人同様に通りで打ち首にされた。弥助には、もう彼らのためにできることはなかった。

教会堂では、宣教師たちが閂をかけた扉の内側で事態の急変を見守りながら、本能寺の変が日本にもたらす変化がイエズス会にどう影響を及ぼすのかと危惧していた。明智光秀は、信長とは異なり仏教徒であり、外国人やその異国の宗教について懐疑的な見方しかしていないように思われた。弥助が到着すると、宣教師も修道士も修練者も弥助の傷の手当てをし、なだめ、食事を与え、彼の無事の帰還を神に感謝した。長い一日が終わるころには、都の通りに静寂が戻り、明智軍の多くは安土へ向かった。残った兵たちは警備のために要衝に立っていた。織田家の侍としての弥助の人生は、まるで最初から存在しなかったように終わりを告げたのだ。

阿弥陀寺をめぐる考察

第一章のこれまでの部分は、本書のその他の部分とは異なり物語形式で綴っている。この形式を選んだのは、弥助の逸話が、まさに〝事実は小説より奇なり〟を地で行くような、現実離れした冒険譚《たん》に感じられたからだ。この章を執筆するにあたり、できるだけ綿密に当時の史料を調べたが、弥助が信長に仕えた一年間についての史料は数が少なく、また時期もまばらだった。こうした限られた史料の隙間を埋めるため、太田牛一《おおたぎゅういち》著の『信長公記』[1]に書かれた出来事を引用した。また、信長と出会う前の冒頭の部分については、J・F・モランの *The Japanese and the Jesuits: Alessandro Valignano in Sixteenth Century Japan*[2]（日本人とイエズス会――十六世紀に来日した宣教師ヴァリニャーノ）を含む、アレッサンドロ・ヴァリニャーノに関するさまざまな文献を参照した。また、当時の人々の様子を知るために、衣服や風習を当時の絵画で調べたり、当時の歴史家による日本人と外国人のさまざまな観察の記録――弥助もきっとく感じていただきたい。

同じ感想を抱いたことだろう――を反映させたりもした。現代の読者にもこうした点を興味深く感じていただきたい。

京都にある現在の阿弥陀寺には信長と信忠の墓があるが、この両人が眠る墓があると主張している寺はほかにもある。阿弥陀寺の清玉上人と僧たちが、敵の眼に触れることなく、いかにして枯れた葉を燃やしただけの炎で通常二、三時間はかかる火葬の作業をやり通すことができたのかという点もはなはだ疑問である。

しかしながら、絵画などに描かれた当時の本能寺の様子や、似たような寺院を見た印象では、寺の境内には実際に多くの松の木が植えられていたようである。大きな寺院の鬱蒼《うっそう》とした一角になら、松の葉や枯れ葉がある程度落ちていても、あるいは後日廃棄するために枯れ葉を溜めた場所があっても不思議ではなさそうだ。現代でいう堆肥の山やごみ捨て場に当たるような場所――当然、人目につかない場所にあるだろう――で、僧侶たちが火葬を終えたのかもしれない。御殿が炎上する境内からもうひとつ煙が立ちのぼったところで、奇異には思われなかっただろう。公家の日記によると、本能寺の変後に貴族や京都市民は阿弥陀寺を訪れ、都に安定をもたらした天下人の墓を弔問に訪れたという。不明瞭な点が多いとはいえ、当時の人々にも多少は信憑性《しんぴょう》を帯びた話と考えられていたということだろう。この逸話は、『信長公阿弥陀寺由緒之記録』[3]に記載されている。

さらに弥助が妙覚寺に向かう場面では、ただでさえ人目を惹き、簡単に身元が判明し、敵にもその存在を知られている異国の侍が信長の刀を持ったまま、残党狩りに躍起になる数千もの敵軍の眼をかいくぐり、いかに逃げおおせたかについて、なんとか仮説をひねり出した。

ある出来事に弥助が関わったかどうか不明な場合には、信長一族が関わった史実のうち、弥助はどのような出来事に参加する可能性が高いかという視点で判断した。さらにさまざまな仮説も立てた。第一に「弥助は信長の側近くに置かれていた」と想定した。これは弥助の個性に希少価値があり、また彼の立場が遠い国を治める領主や軍を率いる武将ではなく小姓だった点を考えると、理にかなった仮説だろうと思う。第二に「弥助は、高貴な人々との会談や軍事戦略に関わる会議には参加しなかった」と想定した。理由は、ひとつには破格の特別待遇を受けていたとはいえ、弥助は正式には高い身分を与えられていなかったこと、さらに前雇用者であるイエズス会とまだ気脈を通じており、機密情報を洩らす恐れがあるという（おそらく妥当な）疑いをつねにかけられていただろうと考えるからだ。雇用関係が解消されたとはいえ、宣教師たちは安土では弥助の私邸から歩いてすぐのところに、京都でも本能寺や二条御所から歩いて数分の距離に住んでいたわけで、弥助も彼らをたびたび訪れていたと考えるのが自然だ。宣教師たちは弥助の動向を把握していただろうし、侍の役目を降ろされたときも、喜んで身柄を引き取ったと思われる。

さらに第三の仮説として、年齢と地位と役目を鑑《かんが》みて「弥助は小姓衆とともに、鷹狩りや遠乗りといった信長の好む武芸をからめた遊びに参加していた」と想定した。そういうわけで、弥助の物語にはその手の行事を取り上げた。一方、遠隔地での軍事作戦に関する軍議は、弥助の参加は許可されなかったと思われるため取り上げなかった。また、武田氏と戦った甲州征伐には弥助が同行したという証拠文献があるが、伊賀国制圧後の視察旅行に同行したかどうかについては不明である。しかし私は、信長自身の愉しみと、敗戦国の住民への威嚇《いかく》というふたつの目的で、上記の遠出行事と同様、信長が弥助を同行させただろうと想定した。

安土や京都に居合わせた者であれば誰でも、重要な事件、遠出、大掛かりな文化的行事（御馬揃えやお盆の安土城周辺のライトアップなど）を目撃したことだろう。そこで私は弥助もそれらを目撃し、また信長の側近として参加もしただろうと仮定した。こうした行事で弥助に中心的役割を果たさせたい気もしたが、もしそうであれば誰かが文献で指摘しているはずだと考えて却下した。とはいえ、信長のそば近くに仕える従者兼護衛であるからには、パレードや行事に参加はしていただろうし、それなら当然、絶好の場所から眺めていたことだろう。城攻めのような軍事行動は信長周辺では発生していないため、弥助が実際に目撃することもなかったはずだ。よって、信長が命じた戦であっても、物語中では省略した。

弥助の物語はおもに信長の臣下だった時期に集中している。これにはふたつの理由がある。

ひとつは、そもそもその時期しか弥助の史料がないからで、もうひとつは、多くの読者にとって、ヴァリニャーノの本来の仕事である十六世紀後半におけるイエズス会とローマカトリック教会の礼法指針に関する論考よりも、歴史的冒険譚のほうが読んで愉しめるだろうと思ったからである。

弥助の時代背景

本章の冒頭では、一次史料を基に、弥助の視点に立って彼の人生の再現を試みた。しかし、弥助の周囲ではどんなことが起きていたのか、どんな勢力が弥助の世界を動かし、彼の運命を操ったのかという疑問には答えていない。そこで、あの時代において弥助自身がほとんど関知していないか、あるいはまったく知らなかったと思われる部分について語ってみよう。

弥助に言及した文献は、一次史料と二次史料を含めて複数ある。私はそのすべての文献から着想を得て本章を執筆した。一次史料と二次史料の内容が食いちがっている場合には、つねに一次史料を優先した。たとえば、イエズス会士のアントニオ・フランシスコ・カルディムが一六四〇年代に執筆した著作には、弥助が〝縮れ毛〟で〝小柄〟だったと書かれている。一方、弥助を直接目撃した太田牛一の記述によれば弥助は坊主頭だったようであり、また松平家忠も弥助を見たときに背の高さと体の大きさに驚いたと書いている。よって私は後者を採用した。本章に関する史料は付録として巻末（二四五ページ）に掲載している。

弥助という名で知られる男は、一五五五年ごろに生まれたようだ。どこの国の出身で、どこで育ったのかについては、母国語や出身民族と併せて不明である。これについては次章以降で論じてみたい。ほぼ確実なのは、彼が自由の身ではなかったという点だ。とはいえ、この時代には現代的な意味での自由という概念は存在していなかった。事実上、すべての人間が社会的序列の上にいる人から多かれ少なかれ束縛されていた。そうでないのは、社会のはみ出し者か無法者だけだった。

イエズス会は奴隷を認めておらず、建前上は奴隷を所有していなかった。しかし実際には、弥助のような護衛をはじめとして、従者、船員、荷運び人、通訳、また農作業を行なう人々の手を借りる必要があった。ほかの教会思想家たちは〝しかるべき〟奴隷についてだけ規範を定めるという方法を取った。つまり規制の対象を、奴隷の女性から生まれた者、妥当な戦争（異教徒との戦争など）での捕虜、自発的に身を売った者、極貧のため売られた子供、囚人などに限ったのである。[4] 一方、イエズス会は奴隷たちの不滅の魂を救済し、彼らを〝正当に〟扱うことで良心の呵責《かしやく》を和らげた。

弥助はヴァリニャーノとともに来日し、最初の二年間は彼のそばで仕えた。ヴァリニャーノは日本での布教活動の評価と強化、再編成、推進を行ない、日本各地をめぐった。ヴァリニャーノの従者兼護衛である弥助もまた、主人とともに各地をめぐったことだろう。

一五八一（天正九）年までにイエズス会の布教活動の再編を終えたヴァリニャーノは、日本を発つ前にようやく信長と謁見できることになった。ヴァリニャーノ一行はキリシタン大名、大友宗麟が用意した豪華な船で瀬戸内海を渡って[5]貿易港の堺に着き、水路で大坂を抜けたあと、陸路で当時信長が滞在していた京都に到着した。謁見には弥助も同行した。そのとき、おそらく信長への献上品のひとつとして、弥助は信長の家来に加えられた。その後、弥助は信長にしたがって、燦然《さんぜん》と輝く新しい城下町、安土へ向かった。イエズス会は日本をカトリックの国にするという最終目的のため、信長の支援を得たいと考えており、弥助を信長から愛顧を得るための道具として利用したのだろう。

弥助本人には雇用主を選ぶ自由はほぼなかっただろうが、きっとこの環境の変化を享受しただろう。彼の年齢、体格、腕力、それから、おそらく実戦経験があったと思われる点を考えると、自分の人種にほとんど敬意を払わない宣教師——それがたとえヴァリニャーノほどのカリスマ性を備えた人物であっても——に仕えるよりは、自分をおおいに気に入ってくれる天下人たる武将に仕えるほうがはるかに嬉しかったにちがいない。弥助が単にどこかの家に仕えるべく育てられたのではなく、アフリカ生まれの元自由の戦士、あるいはインドの軍隊で訓練を受けた元兵士だった場合には、ことさらその思いは強かったはずだ。

信長に仕えた当初、弥助がどんな役目を与えられたのかは不明である。おそらく異国情緒を醸し出し、世界レベルの怪力を見せて訪問客のもてなしに興を添えることぐらいしか期待されていなかっただろう。しかし、弥助はほどなく信長の異国好きの象徴でもなく、日本語の話せない飾り物でも、拝謁者の好奇心を満たす見世物でもなくなった。

この時期の信長は、武将を巧みに采配し、日本各地にその勢力を拡大しつつあった。秀吉は西国の毛利氏と戦い、柴田勝家《しばたかついえ》や前田利家《まえだとしいえ》などは越後の上杉氏とその同盟国を相手に戦っていた。一五八二（天正十）年二月には、織田家の隠密による巧みな諜報活動により、武田氏の重臣が信長に寝返った。信長はその好機を逃さず、即座に息子の信忠に武田領侵攻を命じた。信忠軍は、日本でも有数の険しい地形にある敵国で、きわめて過酷な気候となる冬の時期に迅速な軍事作戦を展開した。織田家の同盟国である徳川氏と北条氏も、それぞれ南と東から攻撃を開始した。四月三日（天正十年三月十一日）に武田家当主が正室、嫡男、数人の家来とともに自害し、武田氏は滅亡、ほかの者は戦死するか虐殺された。信長と弥助が現地にはいったときには、すでに決着がついていた。

一五八二（天正十）年五月、朝廷の代表が安土に凱旋したばかりの信長のもとを訪れ、征夷大将軍の任官を打診した。信長はこの栄誉ある職を辞退したが、いずれしかるべきときが来たら考えると返答した。いずれにせよ、すべてが信長にとって順調に進んでいた。

一五八二（天正十）年四月、信長は有力大名である毛利氏攻めの先鋒として、秀吉を備中国（現在の岡山県の一部）に出陣させた。秀吉は高松城攻略のため、近くの川を堰き止めて城の周囲を水没させるという進取に富んだ作戦に取りかかった。一方、毛利家当主、毛利輝元はみずから軍を率いて、包囲された高松城に向かって進軍を開始。これを受けて、秀吉は信長に援軍を要請した。

信長はすぐさま対応し、明智光秀を含めた家臣団に対し、兵を集め、すぐさま出陣するよう命じた。その後、信長自身も戦地へ赴く予定だった。

軍を率いた光秀は、信長の命に従い、秀吉の援軍に西へ向かうと思われた。ところが、光秀は思いも寄らぬ行動に出た（その動機は今日まで謎に包まれている）。夜明け前に、兵を京都市内に差し向けたのである。六月二十一日（天正十年六月二日）早朝、明智軍は本能寺を包囲し、信長を死に追いやった。

この事件はイエズス会の宣教師であり、通訳や著述も行なったルイス・フロイスの書簡に綴られている[6]。

わが聖堂は信長の所より僅に一街を距てたのみであった故、キリシタン等が直に来て、早朝のミサを行ふため着物を着替へてゐた予〔パードレ・カリヤンならん〕に対し、宮殿の前で騒が起り、重大事件と見ゆる故暫く待つことを勧めた。その後銃声が聞え、火が上った。つぎに喧嘩ではなく、明智が信長に叛いてこれを囲んだといふ知らせが来た。明智の兵は宮殿の戸に達して直に中に入った。同所ではかくの如き謀叛を嫌疑せず、抵抗する者がなかったため、内部に入って信長が手と顔を洗ひ終って手拭で清めてゐたのを見た。而して背に矢を放った。信長はこの矢を抜いて薙刀 Naginata、すなはち柄の長く鎌の如き形の武器を執って暫く戦ったが、腕に弾創を受けてその室に入り戸を閉ぢた。或人は彼が切腹したと言ひ、他の人達は宮殿に火を放って死んだと言ふ。併し我等の知り得たところは、諸人がその声でなく、その名を聞いたのみで戦慄した人が、毛髪も残らず塵と灰に帰したことである。

本能寺の変の直後、嫡男の信忠は京都の二条御所で織田軍の再編を試みた。しかし明智軍は、狼狽《ろうばい》して統率の取れない織田軍に防御態勢を立て直す隙を与えず、すみやかに御所を包囲した。[7]二条御所は京都という盆地に建てられており、山城のように籠城に適しているわけでもない。明智軍は周囲の住居の高い屋根に陣取り、防戦する織田軍を見おろせる位置から発砲した。明智軍が御所内に突入するのも時間の問題だった。防戦する家臣たちが続々と倒れるなか、信忠は父の後を追って切腹した。

明智光秀はそのまま安土へ進軍し、混乱に陥って無防備な状態の安土城を攻め落とした。しかし、その十一日後には彼自身が秀吉率いる織田連合軍によって殺害された。信長の政治的、軍事的後継者と目《もく》された秀吉は、その後十年にわたって日本全土の制圧に邁進《まいしん》し、天下統一を成し終えると、中国侵攻の足がかりを大陸に築くため朝鮮半島に侵攻した。しかし、出兵が悲惨な結果で終了する直前、一五九八（慶長三）年に秀吉は病死した。信長の元同盟者であり臣下でもあった徳川家康は、ライバルを撃退して天下統一の偉業を引き継ぎ、幕府を開いた。一八六八（慶応四）年まで続いたこの幕府は、世界でもっとも長く平和を維持した政権のひとつである。これが、弥助が生きた世界だった。

第二章　弥助の経歴を紐解く

前章では、弥助の日本到着から信長の死までを語り、彼の人生を形づくった外的要因について説明した。この章では一次史料と二次史料を個別に、またときには分解して分析し、弥助の物語のより深い意味を考えると同時に、当時の日本とヨーロッパ社会における弥助と似た立場の人々についても掘り下げてみたい。

弥助の登場

弥助が初めて登場するのは、フロイスが京都から書き送った書簡である。

　堺の市を出んとした時、丈の非常に高いビジタドールのパードレ及び我等と同行した黒奴 cafre の色を見るため、無数の人が街路に待受けてゐた。堺は自由の市であるが、多数の民衆と武士が集ったので、我等の一行が狭い街を通過する際数軒の店を荒したにかかはらず、苦情を言ふ者はなかった。

　弥助や宣教師たちによるイエズス会の行進は、国際貿易都市の堺においてさえ、きわめて異国情緒あふれる光景だった。一般大衆だけでなく、普段は下々のことには関心を示さないであろう武士や裕福な商人までをも魅了した。当時の堺は、防衛力を持たずに有力商人によって運営される、ある種の共和制都市だった。よって、その地に武士がいたという記述には重要な意味がある。彼らはそれを見物するためにわざわざ外部から訪れていたことになるからだ。だからこそフロイスも武士の姿を見て驚いたのである。店舗が被った損失を商店主や商人が無視したという点を考えても、常識をことごとく覆《くつがえ》すお祭り騒ぎだったようだ。非常に背の高かったヴァリニャーノ自身も、人目を惹いたことだろう。

　当時の日本では、九州の港町以外の場所で黒人を見かけることはめったになかった。堺はそこから離れているとはいえ、この国際重要都市においてでさえ、弥助は明らかに特異な存在だったようだ。このことから、京都とその周辺に定住する唯一の非アジア人である宣教師たちが、通常はアフリカ人従者を置いていなかったことがうかがえる。弥助は例外だったのである。あるいは、イエズス会の規則を遵守するために、実質的には奴隷であっても、〝契約労働者〟という身分を弥助に与えて、ヴァリニャーノの従者としたのかもしれない。このことから、当時黒い肌をしたアフリカ人やインド人を数多く連れていたポルトガル人貿易商たちが出入りしていたのがおもに九州に限られていたこと、その商品は仲買人の手によってほかの地域に届けられていたこともわかる。

堺を出て駄馬三十五頭、荷持人足三、四十人及び我等の乗馬が約同数あり、黒奴もまた乗馬するやう頻《しき》りに勧められた。

この記述は、ヴァリニャーノは馬に乗っていたが、弥助は通常は徒歩で移動していたことを示している。これは当時の絵画に描かれた、ポルトガル人などヨーロッパ人の同伴者が馬に乗ったり輿《こし》で担がれたりしていても、黒い肌の人物の多くが歩いている描写とも一致する。また、弥助がイエズス会の中で低い地位だったことも示唆している。同時に、弥助が馬に乗ることができたこともわかる。おそらく、多くのアフリカ人が騎馬隊員として雇われていたインドで、乗馬技術を学んだのだろう。また、この点が馬好きで有名な信長が弥助を気に入った理由のひとっとも考えられる。

　この道を進むに従って人が出迎へ、また多数の武士が同行して必要な馬匹を供給し、馬上で出迎へた武士も多数であった。

　この一文は、ヴァリニャーノ一行が群衆と多少交流があったこと、またイエズス会の行列に武士の護衛がつけられ、威厳が示されたことを表している。日本人護衛の存在は、彼らがいかに重要な客人であるかだけでなく、日本社会に伝手《つて》を持つ身分であることを地元の人々にはっきりと示したことだろう。おかげで、イエズス会一行は人々に好意的に受け入れられた。彼らが日本の町の通りをただの外国人として歩いていたら、そうはいかなかったはずだ。この護衛は、おそらく高山右近、または九州の大友氏によって派遣された武士たちだと思われる。

　弥助が次にフロイスの書簡に登場するのは、数日後の京都でのことだ。

　　復活祭日に続く週の月曜日〔三月二十七日、すなはち天正九年二月二十三日〕信長は都にゐたが、多数の人々がわがカザの前に集って黒奴《カフル》を見んとしたため騒が甚しく、投石のため負傷者を出し、また死せんとする者もあった。多数の人が門を衛《まも》ってゐたにかかはらず、これを破ることを防ぐことが困難であった。もし金儲のために黒奴を観せ物としたらば、短期間に八千乃至一万クルサドを得ることは容易であらうと皆言った。

この史料から、弥助のルーツがアフリカ大陸にあることは明らかである。フロイスが書簡で使用した語〝Cafre（カフル）〟は、同じように肌の黒いインド人、東南アジア人、アラブ人とは明確に区別して、アフリカ人だけを示すポルトガル語（ルーツはアフリカだが、ほかの地域で育った人も含む）だからだ。[1] また〝Cafre（カフル）〟は、十六世紀におけるイスラム教徒以外のアフリカ人を指す語としても使われた。一方、イスラム教徒は、ルーツがアフリカにあるかどうかにかかわらず、全員まとめて〝Moros（モロス）〟と呼ばれた。こうした呼び分けは、ポルトガル語でアフリカのイスラム教王国を〝reis Moro（レイス・モロ）〟と呼び、イスラム教以外のアフリカの国を〝reis Cafre（レイス・カフル）〟と呼んだことにも表れている。[2]

またこの史料は、地元の人々が弥助に魅了されるあまり、その姿をひと目見ようと過剰な暴力に訴え、自分の命さえ賭けたことを示している。「金儲けのために弥助を見世物にしたら」というくだりには（実際、イエズス会の年間予算の相当な額を稼げたことだろう）フロイスのブラックユーモアがにじみ出ているが、この文章から、当時のヨーロッパ人がアフリカ人をサーカスの出し物と同等と見ていること、一方、日本人のことは見物料を支払う観客側と見なしているこことがわかる。この見解は、当時の多くのヨーロッパの著作物でも裏付けられている。実のところ、フロイスはアフリカ人を見世物にしようと考えた唯一のヨーロッパ人ではなかった。のちに、秀吉からの依頼で何度かアフリカ人を余興の出し物にした者もいたし、日本や中国の各地で見世物として提供した者もいた。[3]

信長もこれを観んことを望んで招いた故、パードレ・オルガンチノが同人を連れて行った。

このとき、イエズス会と弥助は、先の騒動の二の舞を避けるため、より強力な護衛を必要としており、信長は客人の安全のために家来を差し向けたのではないだろうか。都の人々も織田家の旗を持つ侍に群がろうとはしなかっただろう。人々は信長がその気になれば何ができるかを理解していた。信長の命で明智光秀によって焼き払われた比叡山延暦寺跡を日々の暮らしの中で眼にするたびに、織田家の持つ力と予測不能の恐ろしさを思い知らされていたはずだ。いずれにせよ、弥助は安全に信長のもとにたどり着いた。そのときの様子を太田牛一は次のように書いている。

二月廿三日、きりしたん国《こく》より黒坊主《くろぼうず》参り候。

この一文から、太田牛一は弥助がキリスト教国から来たと信じていた、あるいは、中国より西の国がすべてキリスト教国だと考えていたことがわかる。その事実は、太田が世界地理にういことだけでなく、弥助をキリスト教徒だと誤って推測していることを示している。これは弥助をイスラム教徒（ムーア人）だと形容している後世のヨーロッパの文献――もちろんこちらも推測にすぎないのだが――と真っ向から矛盾する。この食いちがいは、双方の世界認識の欠如と、異文化間で〝他者〟を想定する場合に陥りがちな誤謬《ごびゅう》を示している。つまり、ヨーロッパの著者たちは、黒い肌をした人間だからイスラム教徒にちがいないと想定したのだ。これは太田牛一が非アジア人の外国人はすべてキリスト教徒だと思い込んだのと同じことであり、この時代の世界観が自国中心に偏っていたことが読み取れる。

太田牛一が弥助を指して使った語〝黒坊主〟を正確に英訳するのは難しいが、私は black priest(黒人宣教師）を採用したい。これは弥助が実際に宣教師だったからではなく、太田がこの点についても誤解していたのではないかと思うからだ。あるいは、〝黒坊主〟が日本において黒人奴隷を指す一般的な用語だった可能性もある。この一文を訳している現代の文献をいくつか読んだところ、〝黒坊主〟は、blackamoor（黒ん坊)、black lad（黒人青年)、black page（黒人小姓）などさまざまな語に英訳されており、まだ定訳はないようだ。いずれにせよ、実際には弥助は宣教師ではなかった。もしそうなら、イエズス会の史料に公的な名前が記録されていただろう。ほかの例では、国籍にかかわらず、イエズス会士の名前の前には一般に司祭《パードレ》や修道士《イルマン》などの肩書きが付けられている。つまり、弥助は宣教師でもイエズス会士でもなく、イエズス会とは雇用関係で結ばれていたにすぎない。また、イエズス会の史料では弥助の名が記されることはなく、単に黒人《カフル》あるいは男《オーメン》と呼ばれており、彼が個人として注目すべき立場にはいなかったことを示している。このことは弥助が自由な身分ではなく、ヴァリニャーノとある種の主従関係にあったことを示す強力な証拠である。

太田牛一はこう続けている。

年《とし》の齢《よわい》廿六、七と見えたり。惣の身の黒き事、牛の如し。彼《か》の男、健《スク》やかに、器量なり。しかも、強力十の人に勝《スグ》れたり。

またフロイスはこう書いている。

大変な騒で、（信長は）その色が自然であって人工でないことを信ぜず、帯から上の着物を脱がせた。信長はまた子息達を招いたが、皆非常に喜んだ。

信長の宴まで開く歓迎ぶりとは対照的に、フロイスの語り口はそっけない。彼の上司であるヴァリニャーノも、多くの著作物を残しているにもかかわらず、その克明な記録の中で、弥助については一度も触れていない。アフリカ人従者に少なからず主役の座を奪われたことが、ヴァリニャーノを苛立たせたのだろうかと勘ぐってしまうほどだ。一方、信長とその家臣たちは、弥助の肌の色が悪戯《いたずら》ではなく本物だと理解するとすぐに、敬意を持って彼を遇している。明らかに太田牛一の眼には、弥助は器量がよくて礼儀正しいと映ったようだ。また弥助の腕力と立ち居振る舞いにも感心している。弥助が信長と側近の前で怪力技を披露したことは判明しているが、それがこの最初の拝謁のときだったのかは不明だ。太田はその後もまちがいなく何度も弥助と会っているはずで、のちの印象や判断に基づいて記録した可能性もある。太田牛一が成人期を通じて継続して記した日記や記録などを基にしたとされているとはいえ、『信長公記』が全巻完成したのは本能寺の変からほぼ三十年後のことである。なお、弥助の年齢は二十六、七歳と書かれているが、当時東アジアでは出生日の年齢を〇歳ではなく一歳と数えたため、ヨーロッパ式の満年齢で換算すると、二十五、六歳になる。

明智光秀が弥助を賞賛せずに〝無知で動物のようだ〟と評している点は興味深い。余人とは異なる光秀の態度——この時代の日本人の黒人に対する一般的な見解とのズレ——は不思議に思える。[4] これは光秀が心の底に私たちの知りようもない何か個人的な感情を抱えていたか、強いストレスを受けて単に暴言を吐《は》いただけかもしれない。あるいは、大多数の日本人は黒人に対して好意的だったと伝わっているが、すべての日本人が同じ印象を抱いていたわけではないことを示しているのかもしれない。いずれにしても、光秀が問題にしているのが、弥助が黒人だからではなく、外国人だからだという点は面白い。

フロイスは弥助と信長の初めての対面についての記述をこう締めくくっている。

今大坂の司令官である信長の甥もこれを観て非常に喜び、銭一万〈十貫文〉を与へた。

ここに出てくる銭とは、英語でいう通貨のことで、当時の日本では文という単位の銅銭が使われていた。銅銭は元来中国で鋳造《ちゆうぞう》され、東アジアで流通していた基本的な国際通貨だったが、この時代には日本でも鋳造され使用されていた。[5] 銅銭の中央には穴が開いており、携帯しやすいように紐に通して保管された。

銭一万（十貫文）というのは破格の厚待遇であり、信長がいかに気前よく弥助を引き立てたかを示している。さらにこの贈り物が家臣の面前で、信長の身内の重要人物から直接手渡されたという事実も大きい。また織田家は銅銭をシンボルとして扱い、戦場では金色の地に銅銭を配した旗印を掲げていた。[6]

銭一万という金額を正確に現代の貨幣価値に換算することはできないが、太田牛一の記録によると、一五六八（永禄十一）年に足利義昭に信長から銭百万（千貫文）が贈られ、[7]また一五六九（永禄十二）年には困窮した天皇家とその従者たちに銭六十二万（六百二十貫文）が贈られたという。[8]イギリス人貿易商リチャード・コックスは、この銅銭の三．七五キロ分（一貫文）が銀百両（両は、当時国際的に広く使用されていた中国の重量と貨幣の単位）に相当すると書き留めているが、弥助が受け取った銅貨はそれよりも重かったようだ。[9]これらを踏まえると、十貫文（百両）の銭をたった一人の従者に下賜するということがいかに重大なことだったかがわかる。[10]弥助本人も突然、金持ちになった気がしたことだろう。

フロイスはこう続けている。

我等の訪問は成功に終わった［「イエズス会年報」日本語版ではこの一文は省略されている］。

さらに太田牛一はこう述べている。

伴天連《ばてれん》召し列れ参り、御礼申し上ぐ。

フロイスはイエズス会がこの訪問によって多大な恩恵を受けたことを理解している。だからこそ、翌年まで弥助の行動の最新情報を入手し、イエズス会の上司や友人に報告しつづけたのだろう。その報告は、弥助がイエズス会の政治目的や目標に貢献できなくなるまで、あるいは弥助が姿を消すまで続けられた。また、太田牛一も、ヴァリニャーノが弥助を献上して、信長に敬意を払ったと記している。

さすがに最初から意図的に狙っていたわけではなさそうだが、イエズス会には流れに乗るだけの抜け目なさがあった。彼らは弥助がイエズス会に対する信長の動向を探る情報源か、少なくとも風向きを知るてがかりになればいいと考えたのだろう。弥助と黒いローブをまとった宣教師たちとの当初の関係を考えれば、もし弥助が信長の愛顧を失った場合に、イエズス会が連帯責任で罪を着せられたり罰せられたりすることは、当時の世界常識からすると日本でも充分ありうることだった。弥助は現代的な意味でのスパイではなかったにしても、イエズス会と連絡を取り続けていたなら、重要度の低い事柄——とはいえ、弥助がいなければ知りえなかった事柄——に関して、イエズス会の情報源とはなっていただろう。

この件に関するヴァリニャーノの個人的見解は、残念なことに記録に残っていない。いずれにせよ、その年の後半に長崎に戻るまで、代理の護衛を探さなければならなかったはずだ。ヴアリニャーノ自身は（日本語を話すべきという指針を定めたにもかかわらず）日本語をあまり話せなかったが、日本人の従者を雇ったのかもしれない。しかし、大半の日本人はヴァリニャーノが使う言語を理解できなかったし、理解できるほど高度な教育を受けたごく少数の者が、従者兼護衛の仕事を引き受けるとは思えず、人材探しは困難を極めたことだろう。別のアフリカ人か、イエズス会のヨーロッパ人または日本人の若者が弥助の代理を務めたのかもしれない。

　さて、次に弥助が登場するのは、イエズス会のフロイスの同僚、ロレンソ・メシヤが十月に府内（現在の大分県）から送った書簡の中である。彼は弥助の動向について以下のように言及している。

> パードレは黒奴一人を同伴してゐたが、都においてはかつて見たることなき故、諸人皆驚き、これを観んとして来た人は無数であった。信長自身もこれを観て驚き、生来の黒人で、墨を塗ったものでないことを容易に信ぜず、屢々《しばしば》これを観、

メシヤはフロイスと同じ話を別人に宛てて繰り返している。この書簡では、弥助は信長が出会った初めての黒人であると書かれている［日本語版では省略されている］。また、信長自身が弥助を呼び出したのではなく、しばしば出向いていたという追加情報は、興味深い話だ［日本語版では〝しばしば見た〟と訳されている］。弥助の住

まいは武将を招くことができるほどの広さと造りだったにちがいない。メシヤはさらに続ける。

少しく日本語を解したので、彼と話して飽くことなく、

このくだりから、弥助が日本語を多少は話せたことがわかる。信長が弥助と話すことをおおいに喜んだという記述は驚くにあたらない。信長はヴァリニャーノやフロイス、オルガンティーノといった外国人と話すことを愉しんでいたし、ほかの来客も同様だっただろう。信長は客人に対し、どこから来たかに始まり、宗教や地理、数学などさまざまな事柄について質問攻めにし、また教育のために息子たちも同席させていた。弥助は武人として武器について話すことはできただろう。地位が低く正式な教育を受けていない点を考えると、戦略や戦術、幅広い政治情勢について語るのは難しかっただろうが、ヴァリニャーノやほかの誰かの討論を聞くなど個人的な経験からおのずと学んでいた可能性はある。

弥助の出身地は不明である。いくつかの可能性については第五章で論じてみたい。しかし、弥助がもし西アフリカの戦士だったなら、槍や弓や素手での格闘が得意で、馬術や火縄銃、日本式の大型軍隊にも馴染みがあったことだろう。[11] もしモザンビークの戦士だったなら、弓や槍や棍棒などが得意で、ゲリラ戦術や小部隊での戦闘に慣れていただろう。[12] もしインドで傭兵か

奴隷兵としての訓練を受けていたなら、幅広い種類の武器に精通しているか、少なくともその扱いに慣れていたはずだ。どこでどんな役目で訓練を受けたか（あるいは雇用されたか）にもよるが、最新式の大砲や戦術に長《た》けていた可能性もある。さらにインドでは騎兵隊の多くがアフリカ人、ペルシャ人、アラブ人で構成されていたため、弥助も騎兵経験があったと考えるのが妥当なところだ。[13]

信長の家来としての記録

弥助の経歴のあらゆる点が信長を惹きつけ、異国や戦争、武器、軍事戦略について新たな視点を得ることを愉しんだことだろう。弥助は信長が正式に出会った初めての外国人兵士であり（実際には京都のイエズス会には時折ヨーロッパ人兵士が訪れていた。その中には半ば伝説の軍人ジョバンニ・ロルテスの姿もあったかもしれない）、二人が議論を深めたことは想像に難くない。信長がもう少し長く生きていれば、もしかしたら弥助から得た新しい知識を実戦に役立てたかもしれない。すでに彼はヨーロッパ式の銃と甲冑《かっちゅう》を初めて日本の戦に取り入れており、世界に先駆けて一斉射撃と馬防柵《ばぼうさく》［長篠の戦において、信長が考案した馬の侵入を防ぐための柵。この柵の内側から「鉄砲三段撃ち」で武田騎馬軍団を迎え撃ったとされる］を導入した武将だと考えられている。

弥助が大出世したのは、信長にこうした外の世界の新しい視点を紹介したからではないだろうか。後年、徳川家康はカトリックの宣教師が伝える世界観に偏らないよう、プロテスタントのキリスト教徒を登用した。もっとも有名なのはウィリアム・アダムスとヤン＝ヨーステン・ファン・ローデンスタインだ。彼らプロテスタント教徒による反イエズス会の助言が、やがて十七世紀初めのキリスト教弾圧と禁教政策につながる大きな要因となったとの見方が一般的である。[14] おそらく弥助も、そこまで劇的ではなくても似たような働きを果たしていたのだろう。そう考えると、家臣を出自でなく実力で評価することで知られる信長が、弥助をすぐに引き立てたこともうなずける。

また弥助は、来日までに旅してきた中国南部はもちろんのこと、アフリカ、アラブ諸国、インドの慣習や地理についても話題を提供することができたはずだ。

また彼が力強く、少しの芸ができたので、信長は大いに喜んでこれを庇護し、

これは弥助が信長に近侍する家来となったことを示す、最初の記録である。明らかに弥助と信長は会話だけにとどまらず、武将と家来の関係としてはそれ以上望むべくもないほど、親しい友達に似た関係を築いたようだ。繰り返しになるが、信長は弥助の武勇と怪力に惚れ込んだ

のだろう。
また、芸ができたという記述から、弥助の素顔の一面が垣間見える。面白おかしく話を語って聞かせたり、あるいは信長と側近を喜ばすために道化を演じたりしたのかもしれない。

（信長は）人を附けて市内を巡らせた。彼を殿Tonoとするであらうと言ふ者もある。

ここでメシヤは地元の噂話を記している。この記述から、弥助が安土で有名だったことがわかる。また弥助には召使または従者がいたことも示唆している。書簡の書き手だけでなく、一般市民も弥助が信長に目をかけられていると考えていたという事実は重要である。地元では、弥助はある種の有名人だったということだ。彼が領主（殿）に抜擢されるという話は一見、滑《こっ》稽《けい》に思えるが、実際にこの時代には君主の身のまわりの世話をしていた低級武士が出世した例は数多くある。後年、多くの外国人（とりわけ朝鮮人）に小さな領国が与えられたが、おそらくこの時代には、それだけの栄誉を受ける可能性があると目されていた外国人は弥助が初めてだっただろう。
弥助にとっては、領主に抜擢された結果、城を持ち、領国を治めるとなれば相当荷が重かったはずだ。日本に家族もなければ——新たに家族を作ったり、養子縁組したりすることは可能だったとしても――己の家臣を召抱えるだけの経済的基盤も持たず、さらに元奴隷の外国人に進んで仕えたいという家臣はそういなかっただろう。信長の鶴の一声があればこうした問題は解決しただろうが、そもそも弥助は信長への依存度がきわめて高く、自分の裁量で動くのは難しかったにちがいない。

安土での弥助に関する次の情報は、太田牛一の『信長公記』自筆本の未発表記述部分に出てくる。[15]

名をハ号弥助と、

ここで初めて黒人侍の名が弥助だとわかる。この名が彼の本名なのか、ポルトガル名を音写［ある言語の語音を、他の言語の文字を用いて書きうつすこと］したものなのか、信長に与えられた名前なのかについては記録されていない。ヨーロッパの文献は名前に言及していないため、真実が明らかになることはなさそうだ。この時代、主君から名を与えられることは大変な栄誉だった。日本の歴史においてこの栄誉に浴した外国人は数えるほどしかいなかったし、日本人でさえ多くはなかったはずだ。弥助の場合、宣教師が信長に紹介したときの名前の音に漢字を当てて日本名がつけられた可能性が高そうだ。それにはいくつかの理由がある。

まず、弥助には苗字がない。これは重要な点だ。下層の民とは異なり、侍は先祖代々の、あるいはそれに準ずる家名を持つものであり、その家名は昇進したり君主に気に入られたりすると変わることもあった。名前によって昇進や恩寵を示す方法にはさまざまな種類があった。たとえば、信長は昇進の証として、しばしば自分の名の一文字を家臣に〝授ける〟ことがあった。徳川家康の息子の信康が、信長の〝信〟の一字を使用する栄誉を受けたのも、こうした慣習によるものだ。

後世の人々に豊臣秀吉という名で知られている男は、当初は身分が低く、ただ藤吉郎《とうきちろう》と呼ばれており、しばらくして彼の父方の姓、木下と名乗ることを許された。その後、秀吉という新たな名とともに、羽柴という姓を得た。加えて信長存命中から、その死後、後継者と見なされるまでに数多くの武家官位や公家官位を叙任されている。さらに、一五八六（天正十四）年に統治を確固たるものにしたあと、みずから豊臣姓を名乗った。弥助はこうした肩書は得ていないようだ。もちろん秀吉と弥助とではまるで格がちがうのだが、そもそも弥助が織田家に仕えていたのはほんの一時期であり、出世するには時間が足りなかったというのもある。

興味深いことに、のちに正式に姓名が与えられた外国人侍もいた。ウィリアム・アダムスは、彼の領地の名とヨーロッパでの肩書、水先案内人の意味を持つ語から取って、三浦按針《みうらあんじん》と名付けられた。また、ヤン・ヨーステンは本名を音写して耶楊子《やようす》と呼ばれた。耶楊子が住んでいた場所は彼の名にちなんで八重洲《やえす》と名付けられ、現在でも東京の地名として使用されている。一八六〇年代半ばに松平容保《まつだいらかたもり》に仕えていたドイツ人、ヘンリー・スネルは、平松という苗字を与えられたが、これは主君の苗字をひっくり返したものだった。侍という身分があった時代には、現代の私たちが考えるような市民権に関する政策は流動的で存在しないも同然だったが、名を与えるという行為には日本の市民権を与える意味も付随していたようだ。

然に彼黒坊被成御扶持、（中略）さや巻之のし付幷私宅等迄被仰付、

扶持、熨斗付《のしつけ》［鞘に金銀の装飾をつけたもの］の短刀、私宅など下賜された品はすべて侍という身分の証であり、弥助が信長から地位と富を与えられたことを示している。扶持の額の記録はないが、若い独身男性が私宅を与えられたという事実は重要な意味があり、かなりの身分だったと思われる。安土城のような日本の城はたいてい高台に築かれ、城壁で守られている。その周囲を囲むように家臣の住居が建てられ、そこに侍とその家族が暮らしていた。住居は身分や家族の人数によって割り振られ、万一の場合に駆けつけられる場所に作られた。重臣たちは主君にもっとも近い城郭内に住居を構えていただろう。[16]

安土城は山の上に築かれた巨大な建築物である。絵画を見るかぎり、織田の家臣の多くは、

山の一部の平らな部分に住んでいたのではないかと思われる。弥助がどこに住んでいたのかは知りようもないが、信長の小姓という役目を考えると、緊急時に駆けつけやすいように城の中央に近い部分に住んでいたのではないだろうか。

刀は侍の身分を表す象徴である。通例、侍は長い刀と短い刀の二本をつねに腰の帯に差していた。実際、この時代の戦争では刀を武器として使用することはほとんどなかったにもかかわらず、戦場に出る侍は全員、刀を一、二本携えていたようだ。弥助は象徴的な飾り刀を贈られている。繰り返しになるが、これほどの栄誉を与えられることはきわめて稀《まれ》なことであり、いかに信長の覚えがめでたかったかを示している。もちろん弥助は通常の刀も持っていたことだろう。

依時御道具なともたさせられ候、

〝道具持ち〟と聞くと単なる召使のようだが、実際の役目は異なる。主君や高貴な人の個人的な所有物は畏敬の対象となる。つまり、信長所用の刀剣類を持つということは、弥助がヴァリニャーノのときと同様、信長の護衛を務めていたという意味であり、多大な信頼と敬意を表す身分なのである。[17] おそらく弥助は、信長がほかの武器を使用する場合に備えてさまざまな武器

――弓や長い棒状の武器（信長の場合は薙刀）など――を運んでいたと思われる。[18] 刀は信長自身が身につけていただろう。

この文は弥助が主君の世話を直接行なう特別な集団（おそらくは小姓衆）の一員だったことを示している。[19] この家臣団は、さまざまな階級から出世を見込んで選ばれた武士の集団だった。また、主君の近親者や同盟国の高貴な家柄の者も含まれていた。弥助はそのどちらにも当てはまらない。歴史作家の桐野作人氏からは「外国人である弥助は小姓待遇ながら独立した存在だったのではないか」という意見を頂戴したが、弥助のような待遇はおそらく信長の時代には前例がなかったことだろう。とはいえ、ロレンソ・メシヤのコメントには弥助の出世の可能性も示唆されており、少なくとも一般庶民の眼には、正式な家臣と映っていたと思われる。

信長以外からも信頼を得た弥助

次に弥助が登場するのは、松平家忠《まつだいらいえただ》の日記である。徳川家康の親戚であり、重要な戦の多くに参戦した家忠は、一五七七（天正五）年から一五九四（文禄三）年までの記録を残している。しかし、徳川方が勝利を収めた天下分け目の決戦、関が原の戦いの直前、一六〇〇（慶長五）年に戦死している。家忠は一五八二年五月十一日（天正十年四月十九日）、武田征伐から安土に帰還する信長に付き添っていた弥助について、次のように記している。[20]

上様御ふち候大うす［キリスト教の神（デウス）のこと。ここでは宣教師を指す］進上申候、くろ男御つれ候、

この一文は、弥助が扶持つきの家来だったことを裏付けている。扶持の額はここでも記述されておらず、彼の身分や織田家の正確な地位までは不明である。ありがたいことに〝宣教師が信長に贈った〟黒人であると特定されているため、これが弥助についての記述であること、また弥助が献上品として〝進上された〟ことの確証にもなっている。もし特定されていなければ、実はほかにも黒人侍がいたのではないかと考慮しなければならなかっただろう。さらに、ヴァリニャーノの従者だったころの弥助は、自由な身分ではなく、奴隷だったことも裏付けられた。

身ハすみノコトク、タケハ六尺二分、

この文から、弥助の正確な身長は、約一八八センチだと計算できる。また肌の色が真っ黒だったことも確認できる。太田牛一は皮肉まじりに雄牛のような色だと書いていたが、牛の色は多様ながら、墨の色といえばひとつしかなく、この描写は弥助の肌が真っ黒だったことを示し

ている。弥助が黒人であるというフロイスの記述と合わせると、弥助はヨーロッパ人がしばしば〝黒い〟と形容する黒い肌のインド人やジャワ島人ではなく、アフリカにルーツを持つ人物だったことが推測できる。

名ハ弥介ト云［松平家忠は「弥介」と記録している］

ここで再び彼の名前の確証が取れた。また、前述の太田牛一の記録と松平家忠の記録のあいだの、おそらく一年未満の期間に、弥助の役職や名前に変化がなかったことも示している。最後の弥助の目撃談は、フロイスが信長の死後、十一月に上司に送った書簡に出てくる。手紙を書いたフロイス自身はその場に居合わせたわけではない。おそらく弥助が教会堂で保護されたあとに、個人的にフロイスに伝えた情報ではないかと思われる。

またビジタドールが信長に贈った黒奴が、

冒頭の「我等が気に懸けていた［日本語版では省略されている］」というくだりは、フロイスにしては温情を感じさせる文章であるが、依然として名前は記載されていない。この文から弥助がイエズス会にとって価値のある存在だったことがわかる。そうでなければ、このきわめて重大な事件の報告書のなかで、弥助についてわざわざ言及することはなかっただろう。また、この黒人が信長の家来だった別の黒人ではなく、弥助の記録だということもわかる。

信長の死後世子の邸に赴き、相当長い間戦ってゐたところ、

この文は弥助と信長以外の織田家一族や嫡男、信忠との関係について、いくらか情報を与えてくれる。弥助は信忠と面識があり、どこに行けば信忠と会えるのかを把握していた。信忠は、弥助を歓迎し、最後の戦いの場に加わることを許可するほど、彼を信用していた。もし弥助が実際に信長の刀を託されていたとすれば、この時点で信長の貴重な刀を手渡すことができたかもしれない。しかし、信長の刀の行方について言及した文献は見当たらないので、たとえ弥助が本能寺から持ち出していたとしても、信忠の遺体とともに隠されたか、大火に焼かれてしまったのだろう。弥助は忠誠心にあふれ、臆病者ではなかった。彼はみずからの選択と義務から懸命に戦った。もし逃げようと思えば、信忠軍の居場所である妙覚寺よりも本能寺に近い教会堂（南蛮寺）へ避難することもできたにもかかわらず。おそらく弥助は怒りに駆られ、己の身分と役目が崩れ落ちていくように感じられたにちがいない。命を賭して戦っていた弥助に、ほ

かにどんな道が選べただろうか？
　ともあれ、弥助がどのように本能寺から脱出したのかという大きな疑問は、依然として残っている。阿弥陀寺の縁起によれば、現在の本能寺の約六倍の広さがあった当時の本能寺の広大な境内には明智軍が占拠していない一角があった、あるいは明智軍は大火の途中で撤退していたことになる。弥助は手練《てだ》れの戦士の勘や本能寺周辺の土地勘のおかげで、あるいは単に幸運だったから、追手の眼をかいくぐることができたのだろうか？　それとも、純粋に巨大な体と怪力で、大勢の敵をなぎ倒したのだろうか？　いずれにせよ、彼が一万三千の敵兵でごった返す都の通りを行ったとは考えにくい。敵に見つからないよう、塀を飛び越え、庭や家を駆け抜けたにちがいない。

　明智の家臣が彼に近づいて、恐るることなくその刀を差出せと言ったのでこれを渡した。

　戦が終わったとき、弥助は命じられるままに己の刀を差しだした。この一文は、弥助がどんな武器を使っていたのかに言及した唯一の手がかりである。弥助の武器が刀だったというのは興味深い。刀は使いこなすために相当な鍛錬《たんれん》が必要な武器である。訓練を受けていない低級武士たちは普通、槍や銃といった素人でも扱いやすくて効果的に攻撃できる武器を使った。弥助が刀で戦っていたという事実は、彼が軍事的な技能を備えていたことだけでなく――人は命を賭けて戦うときには、もっとも効果的に敵を倒せる武器を選ぶものである――、日本の武士の流儀に慣れていたことも示唆している。

家臣はこの黒奴をいかに処分すべきか明智に尋ねたところ、黒奴は動物で何も知らず、また日本人でない故これを殺さず、インドのパードレの聖堂に置けと言った。

この明智光秀の発言が弥助を侮辱している点は興味深い。彼が弥助を高く評価していないのは明らかだ。これまで見てきた日本人の弥助に対する待遇とはまるで異なり、「動物で何も知ら」ないとまで言い放っている。光秀は敗北した敵――主君の後を追って自害するという、侍の基準では名誉ある行為を行なわなかった敵――を蔑んでみせたのかもしれない。あるいは、この言葉の裏にはもう少し深い意味があり、弥助が故意に、あるいは信長のお気に入りだったという事実によって、謀反人の気分を害したのかもしれない。弥助が光秀の心に信長を思い起こさせたのかもしれない。しかしながら、この解釈には疑問が残る――なぜ光秀は弥助を殺さなかったのか？　弓矢なり鉄砲なりで仕留めるほうがずっと簡単だったろう。そもそも刀を持った強靭な大男に近づけと命じることだけでも、家臣が不要に命を落とす危険性もあったというのに。また、弥助が刀を渡したあと、光秀は彼を単に処刑することもできた。それなのに、なぜ弥助をイエズス会のもとに帰したのか？　この事実は光秀にとって、弥助がわざわざ殺すほど価値のある存在ではなかったということを意味している。つまり、弥助は信長にとっては（そして弥助と頻繁に交流のあった身近な家臣や友人たちにとっては）重要な存在だったが、数回しか会ったことがなく、おそらく直接言葉を交わしたこともない光秀のような重臣にとってはそうではなかったということだろう。これは非常に重要な点である。

次の疑問は、書簡の書き手であるフロイスは、光秀のこの発言をどこで知ったのかという点だ。光秀自身ということはないだろう。戦の最中にそんな時間はなかったはずだし、そうでなくても、キリシタンでもない光秀がフロイスと話をするとも思えない。かといって、フロイスが二条御所で戦った別の武士と話したというのも考えにくい。信忠軍はほぼ壊滅状態で、明智軍は天下取りに向けて次の一手を打つべく、すみやかに退却していた。明智軍に話を聞く暇はなかっただろうし、おそらく彼らは戦のことで頭がいっぱいで、外国人宣教師になど構っていられなかったはずだ。ということは、残る選択肢はふたつ。ひとつは、弥助本人が明智光秀のコメントを報告した場合だ。一言一句正確に伝えたかもしれないし、抑うつ状態だったかもしれないし、恐怖のあまりうろ覚えだったり意味を誤解したりしていたかもしれない。もうひとつは、フロイスが自分の偏見や都で流れる噂を基にでっちあげた場合だ。もちろん真実は不明だが、この発言の出所を探ることは、このエピソードを洞察するうえで重要な鍵になる。光秀にしてみれば、弥助はその名を国中に轟かせているわけでもなく、彼と直接関わった堺や京都や安土に暮らす人々をのぞけば有名でもなく、注目に値するほど身分が高くもない男だったのかもしれない。もし弥助を重要だと考えていたら、かならず首を討ち取ったことだろう。この現実を認めておかなければ、黒人侍と彼の功績を過大評価することになる。ありままの現実を見つめれば、弥助の役目は護衛であり、刀持ちであり、小姓にすぎなかった。後年、外国人侍となったウィリアム・アダムス、ジョアン・ロドリゲス、ヤン・ヨーステンのように政治的な役目を担っていたわけでもなく、信長の友人のような立場だったのだろう。弥助という存在の影響は、詳しくは第三章で論じるが、当時よりも現代のインターネット時代のほうが、よりその重要性を増すのかもしれない。

これによって我等は少しく安心した。

この最後の一文（原文の直訳は「我等は黒奴を落ち着かせ、彼を救出してくださったことを神に感謝した。」となる）には、フロイスのイエズス会の聖職者らしい性質がにじみでている。彼らは精神的、肉体的な薬の両方をおそらく弥助に投与したのだろう。救出についてのくだりから、ほぼまちがいなく弥助が生き延びたことがわかる。引用した書簡が書かれたのは（あるいは、その書簡の日付は）、本能寺の変の五カ月後、一五八二（天正十）年十一月である。つまり、弥助は少なくともそのときまでは生きていたはずだ。最後の一文に表れた優しさを見るかぎり、もし弥助が負傷した傷が原因で死んでいれば、きっとそう書き加えたにちがいない。

この戦を最後に、私たちが知る弥助という男は、歴史の記録から姿を消す。しかし、それは真実なのだろうか？　残念ながら、フロイスは偏見から黒人を名前を記すべき個人として扱わなかった。そのため、一五八四（天正十二）年の書簡に出てくる黒人兵――フロイスが書簡で言及した最後の黒人――が弥助なのかどうかは確認しようもない。この男については、この書簡と、フロイスが後日執筆した有名な著作『日本史』でも多少触れられている。内容は、キリシタン大名、有馬晴信（洗礼名はドン・プロタジオ）が九州の長崎のほど近くで行なった戦についてである。

ドン・プロタジヨは聖週（一五八四年四月十二日すなはち天正十二年三月十二日をもって始まる週間）となって、陣所に大砲二門を据附けた。これは日本では甚だ珍らしいもので、操縦する人は少かったが、この際偶然砲に装薬することのできる黒奴が一人居合せ、また隆信が不当に殺すことを命じたため、大村より高来に逃げて来たマルチニヨ

Martinhoといふキリシタンの兵士があってこの人が砲の狙をつけ、マラバルMalabarの人が火を附けた。

この記述にはいくつか興味深い点がある。まず、この黒人は明らかに訓練を受けたプロの兵士、または砲術の知識を持つ海軍兵のようだ。砲手の職務というのはきわめて専門的で、フロイスも示唆しているように、当時の日本にその職務を全《まっと》うできる人材はほとんどいなかった。また、手持ち式銃火器は大々的に広まっていたが、大砲はまだ使用されはじめたばかりだったのだ。マルチニヨという名のキリシタン兵（有馬氏の敵である龍造寺家から寝返ったばかりの日本人）も多少砲術の心得があり、この男とともに任務に当たったが、発射の指揮を執ったのは黒人のほうだった。さらに、この黒人は「偶然陣所に居合わせた」と記述されている。つまり、有馬氏の陣営に所属していたわけでもなく、イエズス会などの外国組織と関係があったわけでもないようだ。もちろん記述されていないだけで、実際にはそうだった可能性もある。

きわめて興味深いのは、この男が、黒人であるにもかかわらず、アフリカ大陸から直接来たのではなく、マラバル（現在のインドのケーララ州）から来たと説明されている点だ。イエズス会とポルトガルはマラバル地方に大きな関心を抱いていた。弥助はどこかの時点で南インドを経由し、そこで長く暮らしていたのかもしれない。この点については第五章で論じたい。

この黒人は、戦乱の世に乗じて専門技術と貴重な軍事知識を売り込む傭兵だったのではないか。そうでなければ、戦場に居合わせたはずがない。この男は弥助だったのか？　その可能性はある。弥助が砲術に詳しかったという証拠はないが、彼はさまざまな大きさのポルトガル船で旅をしただろうし、そうした船はどれも多かれ少なかれ大砲で武装していただろう。もし彼がマラバル出身の傭兵か奴隷兵であったなら、当時のインドで一般的だった大砲を使う機会もまちがいなくあったはずだ。残念ながら、その黒人が弥助かどうか、確証を得ることはできない。とはいえ、信長の信任状を持つに等しい弥助のような男ならば、有馬氏が重用しようと考えたとしても不思議ではない。さらに、ヴァリニャーノと有馬氏の間には、宗教的にも政治的にもきわめて強い結びつきがあった。ヴァリニャーノが一五九〇（天正十八）年に日本に戻るまで、有馬氏がヴァリニャーノの元従者に安全な避難場所を提供した可能性は充分にある。

後世の文献に見られる弥助

当時の記録から、黒人侍の経歴は彼の周囲の人々にとって興味と驚きの対象であったことがわかる。また彼の人生が記録された書簡は、教皇のような高い地位のヨーロッパ人に現地情報を伝えるため、あるいは当時の日本について未来の読者に向けて書かれたものであり、つまり書簡の書き手が、弥助をより幅広い興味を向けるに値する存在と判断したということだ。彼らが正しい判断を下したことは明らかである。しかも、弥助の逸話は彼を実際に見聞きした人々を惹きつけただけではなかった。それは弥助と信長の邂逅《かいこう》の物語が、日本におけるカトリック教会史で、その後百年間に少なくとも三回、繰り返し語られていることからもわかる。三回とも、一五八一（天正九）年のフロイスのオリジナルの報告書を――内容はいささか異なっているが――参考にしたようだ。フロイスたち宣教師の書簡は一五九八（慶長三）年に編集・出版されており、後述の三人の著者にも入手可能だった。

しかしながら、日本では徳川家康の後継者の眼に、アジア人以外の外国人の行動が次第に不審に映るようになった。やがてキリスト教禁止令が出され、違反者は処刑された。外国人の描写は歪曲《わいきょく》され、グロテスクな鼻を持つ怪物のように描かれた。交易を許された数少ないヨーロッパ人が踵《かかと》の高い靴を履《は》いているのは、犬に似た足を隠すためだという噂が流れさえした。こうした風潮の中、探検家の天竺徳兵衛《てんじくとくべえ》[21]や明朝末期の自由の闘士、鄭成功《ていせいこう》[22]のような日本人や中国人の英雄が歌舞伎の演目に取り上げられ人気を博する一方で、弥助の逸話は忘れ去られた。

ヨーロッパにおける弥助に関する著作物は、おもにフロイスの一次史料の情報を再掲しながら、ところどころに追加情報を書き加えている。その書き加えられた部分には弥助の情報だけでなく、著者の世界に対する偏見や無知が浮き彫りにされている（もちろん未発見史料が情報源である可能性もある）。一次史料のように詳細な分析ではなくとも、これらの文献にざっと眼を通しておく価値はあるだろう。

一回目の記述は、フランス人のイエズス会史専門家、フランソワ・ソリエ（ちなみに彼は一度もヨーロッパの外に出たことはなかった）が一六二七年に出版した本に出てくる。この本は、フロイスの記述をほぼ一字一句たがわず繰り返しているが、それ以外に、弥助に関する以下の記述を追加している。

　パードレ・アレッサンドロはインドからムーア人を連れてきた。その男はモザンビーク出身で、ギニアのエチオピア人のように黒い肌をしていた。モザンビークは喜望峰近くにある国で、黒人《カフィア》と呼ばれる人々が暮らしている。

明らかな地理的混同〔喜望峰はアフリカ南端だがモザンビークはアフリカ東南部。ギニアとエチオピアは別の国〕以外にも、ソリエの記述には不確定情報が二点採用されているようだ（ただし、その情報が現在知られていない当時の史料を基にしていた場合はこの限りではない）。一点目は、弥助が〝ムーア人〟だと記されている点だ。十七世紀のヨーロッパ人の多くは、黒い肌の人々を全部ひっくるめて〝ムーア人〟と呼んだが、これは元来、北アフリカとイベリア半島のイスラム教徒を指す言葉だった。十六世紀のポルトガル人はきわめて厳格に、イスラム教徒と非イスラム教徒を区別していたのである。ソリエはフランス人であり、また実際の出来事からかなり時間が経過したあとに執筆していることもあって、十六世紀半ばのポルトガル人の人種区別の慣習について知らなかったか、配慮し忘れた可能性がある。というのも、ヴァリニャーノがイスラム教徒を雇うことはきわめて考えにくいからだ。ただし、キリスト教に改宗した元イスラム教徒であれば話は別だ。そういった改宗は当時珍しくなく、とくに奴隷たちは主人の宗教に合わせてしばしば改宗させられていた。

二点目は、弥助がモザンビーク出身だと記されている点だ。これは（重ねて言うがこの情報を裏付ける未発見史料がないかぎり）ポルトガルとアフリカの該当地域の結びつき、またはヴァリニャーノが日本へ向かう途中でモザンビークの島に立ち寄った事実からの推測だろう。

さて、弥助に関する二回目の記述は、一六四〇年代にポルトガル人のアントニオ・フランシスコ・カルディムによって書かれた。カルディムはシャム、インドシナ、マカオといった東洋諸国に宣教師として長期滞在した。しかし彼が赴任したころには、イエズス会はすでに日本から追放されており、苛酷な殉教の道をあえて求めようというごく少数の勇者が、マカオやマニラからの片道航路に挑んだにすぎなかった。

日本人は日本で見たことのない三つの事を賞賛した。［中略］ビジタドールに随行したイエズス会に仕える小柄な黒人だ。これは、その男を観に多くの人々が集ったことからもわかる。というのも、日本人はそれまで黒人を見たことがなかったからだ。縮れた髪を褒める者もいれば、鼻を褒める者もあり、また日本語の話し方を褒める者もあった。［中略］人々は大いに興味を持って、男の体を何度も洗ったが、それでも男の肌は黒いままだった。

信長と弥助の出会いについてソリエよりもさらに後に言及したこの文献では、弥助は小柄で縮れ髪であること、人々が肌の色を落とすために弥助の体を洗ったことが追加されている。体の大きさについては、日本の文献ではっきりと〝背が高く強靭な体格〟だと記されており、推測にすぎないだろう。おそらくカルディムは読者に背の高いヴァリニャーノの姿を強調したかったか、あるいは彼が個人的に出会ったアフリカ人の身長を基に仮定したと思われる。〝縮れ毛〟という描写についても、ほかに信憑性のある史料があるわけではない。カルディムは、この部分についても、サハラ以南のアフリカ人のステレオタイプなイメージを流用したと思われる。彼自身、アフリカ沿岸の町に立ち寄ったことがあるので、きっと東海岸で弥助のような男たちを見かけたことがあるのだろう。弥助の体を洗ったという描写はいかにも真実らしく聞こえるが、ほかの史料にはそこまで詳しい記述は見当たらない。信長が弥助の肌の色を信じなかったとしても、指でつつくか引っ掻いた程度だったと思われる。

三回目の弥助に関する最後の記述は、一七一五年のジャン・クラッセによるものだ。彼はソリエの記述を一言一句正確に（読みやすく編集したうえで）繰り返している。これは驚くには当たらない。クラッセはソリエの作品が出版された一六二七年までの記述については大々的にソリエからの盗用を行ない、それ以降の出来事についてだけみずから加筆したことで知られている。

弥助をめぐる伝説と推測

最後に、第一章の物語部分で借用した、かならずしも事実や観察による裏付けが取れていない通説や仮説について取り上げてみたい。

織田家の末裔を称する家に伝えられたところによれば、弥助は敵の手に落ちないよう信長の首と刀を本能寺から持ち出したとされる。この信長の首級にまつわる逸話は、弥助の手助けにより、日本の伝統にはない信長のデスマスクが作られたという言説を基にしている。(1)

この言説にはいくつかの難点がある。第一に、信長の首級がどこでどうなったかについては（弥助が関わっていたかどうかにかかわらず）どの文献にも記されていないという点である。フロイスの書簡は弥助が戦に参加したことを記した唯一の文献であるが、そこにも信長の首級については触れられていない。もし弥助が首級を南蛮寺に持ち帰ったのだとすれば、フロイスはそのことにも言及していただろう。第二に、大勢の敵兵に囲まれた炎上する寺院の真ん中から逃亡するということが――己の武器に加えて、人間の頭部という驚くほど大きく扱いに困るもの(2)を運ぶという追加任務がなくても――相当困難を伴うはずだという点である。

物語部分に挿入するには、第一章で取り上げた阿弥陀寺の縁起（敵将にとって重大な価値を持つ織田信長の遺骸《いがい》を、信長の遺言に従い、十人の織田の残兵が本能寺の一角で火葬にしたという逸話）のほうがふさわしいように思われる。このとき、弥助はもしかしたら信長の刀を信忠に届ける任務を与えられていたかもしれない。この任務もまた、きわめて重大な任務である。侍にとって、刀とは単なる武器ではなく、重要な意味を持つものだからだ。信忠が父親の刀を所有していれば、彼はそれによって自身の政治的立場を強め、家督の継承の正統性を万全のものにすることができる。自害直前の信長には、息子に刀を届けたところで無駄になること、息子もすぐ直後に死ぬ運命にあることは、知りようもなかったし、おそらく息子が生き延びて、

（1）問題のデスマスクは愛知県瀬戸市の西山自然歴史博物館に保管されているが、一般公開されたのは過去に一度だけである。その真偽については大きな疑問が持たれている。
（2）討ち取った首級を運ぶ箱のサイズは、高さ二十四センチ、直径二十六センチほどもあった。

己の仇を討つことを望んでいたことだろう。(3)

フロイスの書簡から、弥助が信忠の死後、明智兵に刀を差し出して降伏したことがわかっているが、その刀の詳細については記されていない。その刀は信長の刀だったのか？　明確な答えはどこにも提示されておらず、真実が明らかになることはなさそうだ。

ほかには、弥助と信長が性的な関係にあったという学説がある。[23] 信長が小姓衆と性的な関係があったことは事実として知られている。もっとも有名な相手は森蘭丸だが、まちがいなくほかにも大勢いたことだろう。太田牛一自身も、信長が若いころに相手を務めたと言われている。

この当時の日本は、それ以前の時代と同様[24]に性的に寛容な社会だった。特に上流社会では、婚姻、内縁関係、買春、愛人や少年を囲うといったさまざまな種類のパートナーシップについてしばしば成文化され、それに関する厳しい法律が作られることもあった。上流階級の妻たちは、通例、夫を愉しませるために高級娼婦などを一時的に、あるいは長期にわたって雇うものだと考えられていた。また、正式な世継ぎがいない場合や新しい世継ぎが必要な場合には、ほかの女性から生まれた子供を養子に迎えた。金銭的余裕のある男性は数多くの側室を持つ一方で、一夫多妻という婚姻形態はあまり見られなかった。[25]

一般社会では、世界のその他の地域と同様、もっと自由があり、社会的宗教的に正式な手続きを踏んでいない家族もたくさんあった。男女ともに複数の性的パートナーを持つことは一般的で、離婚や再婚も多かった。田舎では、しばしば子供たちを共同で育てることもあった。[26]

こうした性的環境の一部として、侍の男色と同様、小児性愛も確かに存在したはずだが、信長の時代の文献にはほとんど出てこない。[27]弥助が信長に出会ったのは二十代半ばのことだった。異なる文化的背景を持ち、何年もイエズス会に仕えていた彼は、多様な性的行為に対し、信長ほどオープンではなかっただろう。当然、宣教師などのヨーロッパ人は、日本人の性的習慣、とりわけホモセクシャルな関係を快く思わなかっただろう（〝郷に入っては〟に喜んで従う者もいたようだが）が、弥助はどれくらい長くイエズス会に仕えていたのかも、どんな環境で育ったのかも不明である。私が考える以上に彼が性的にオープンだった可能性もある。いずれにせよ、信長に乞われれば、どんな性的関係であろうと、弥助に拒めたとは思えない。これも日本人侍と黒人侍のきわめて異例な主従関係の奥深さゆえのことだろう。

（3）信長の息子たちのうち、信忠と勝長の二人は二条御所の戦いで死亡し、信孝と羽柴秀勝の二人も数年後に死亡した。信孝は天下人の地位を狙う秀吉によって切腹に追い込まれたのではないかと言われている。別の息子、信雄は生き残り、織田家を存続させた。

この章では、弥助がまちがいなく信長の側近、おそらく小姓になったことを確認できた。彼は信長に取り立てられ、多くの栄誉に浴した。この昇進の理由のすべてがわかっているわけではないが、信長が弥助のことを異国情緒を感じさせる飾り物――肉体的にも、知的にも、おそらく性的対象としても――として見ていたことはほぼ確実である。弥助の信長の家来としてのキャリアは当時でも前代未聞だったが、残念ながら明智光秀の謀反によって短期間で終了した。もし信長が長生きしていたら弥助がどうなっていたかは誰にもわからない。

第三章 現代に伝わる弥助伝説

弥助は歴史上の人物としては、重要でないとは言わないまでも、あくまでニッチな存在である。しかし、彼の逸話は今日にいたるまで人々の心を魅了しつづけ、日本でも他国でも、崇拝されているとさえ言えそうなほどだ。その名でネット検索すると、Academia.edu［研究者の情報交換のためのSNS］、ウィキペディア、個人ブログ、歴史フォーラム、フェイスブックのグループ、陰謀説サイトといった多様なウェブサイトが多数ヒットする。インターネット上では、弥助の逸話について多くの会話が交わされ、彼の人生を芸術的に表現したさまざまな画像がアップされている。その中には、事実もあれば、通説やまったくの空想話もある。さらに弥助が結婚して日本に住み着いたというような裏付けのない話もたくさんある。この本では、フィクションと事実を選り分けようと試みてきた。私たちの知るかぎり、弥助は日本で家族を持ってはいない。とはいえ、これは実際に持たなかったという意味ではなく、単にどちらの証拠もないというのにすぎない。弥助に関する最初の論文をインターネット上に投稿したことをきっかけに、私は弥助に魅了された大勢の人々と交流する機会に恵まれた。世界のいたるところで、実に多彩な人々——映画製作チームのメンバー、ブラジル系アメリカ人の漫画家、イギリスやフランスの作家、学者など——が弥助の人生に深い感銘を受けたり、それに触発されて創作活動をしたりしているのだ。この章では、そんな彼らとの交流の結果をまとめてみよう。過去の史実を中心に扱うほかの章とは異なり、弥助に関する現代の手がかりを紹介しながら、十六世紀と十七世紀の史料と合わせて仮説を立て、歴史を検証する。(1)

弥助伝承における四つの時代

本書で紹介しているように、一五九八（慶長三）年に出版されたフロイスの書簡以外にも、十七世紀中に数回——日本で一回、ヨーロッパでは少なくとも三回——弥助の逸話を紹介した文献が出版された。ここまでを弥助伝承における第一時代と考えてよいだろう。松平家忠の日記のように、のちに未出版原稿が明らかになって詳細を伝えたケースは別にして、これら第一時代の出版物は、たんに弥助と信長が出会ったと記しているだけだ。ヨーロッパの出版物はいくらか詳しく述べているとはいえ、弥助が実在していたという事実以上のことは伝えていない。

しかし、たてつづけに出版が続いたあとは、黒人侍の逸話は三百年間忘れ去られてしまったようである。二十世紀前半に日本が強国となり、その国際的影響力が非白人国の中で突出したとき、日本国内で非ヨーロッパ世界と再びつながろうとする動きが起こり、白人帝国主義の犠牲者である黒人に対しても親しみを持つようになった[1]。第一次世界大戦前に〈脱亜入欧〉というスローガンを掲げていた時期の反動とも言える流れだった。第二次世界大戦直前の日本は、当時の西欧社会がけっして日本人を同等とは見なさないことを認識し、考えを改めたのだった。この新しい波が起こった結果、弥助の逸話のように半分忘れ去られていた話の多くにスポットが当てられ、非ヨーロッパ世界との国際協調を促すために利用された[2]。

ここで忘れてはならないのは、日本が第二次世界大戦に参戦した大義名分は——最終的にどういう結果になったにせよ、また戦後に歴史がどう捉えたにせよ——、ヨーロッパ列強の植民地支配からの脱却だったという点だ。二十世紀初頭には世界中の何百万もの人々がこのメッセージを信じ、日本の方策を支持するにせよしないにせよ、そこから何かを感じ取っていた。そ

（1）この章で意見を採用した情報提供者には、本書巻末で謝意を表している。四つの大陸からさまざまな経歴を持ち、さまざまな産業に携わる方々が協力してくれた。

の中には、ガンジー、中国最後の皇帝溥儀《ふぎ》、孫文、スカルノ、アウンサン［ビルマの独立運動家。アウン・サン・スー・チー氏の父親］といった著名人や、それほど有名ではないアジアやアフリカの独立運動の指導者たちもいた。今日ではほとんど忘れられているが、日本軍には日本国内の日本人だけでなく、台湾と朝鮮の植民地部隊(2)や中国と満州の志願兵、遠く離れたインドの反植民地主義者の同盟軍(3)も含まれていた。また、二十世紀初頭には、欧米列強による統治と支配を終わらせてアジア人のためのアジアを築くという汎アジアの夢の名のもとに、中国やフィリピンで起こった独立運動に参加して死ぬまで戦った日本人志願兵もいた。

そんな雰囲気の中で、弥助伝承の第二時代が起こった。一九四〇年代、来栖良夫《くるすよしお》は児童文学の古典『くろ助』[3]を執筆した。挿絵は箕田源二郎《みたげんじろう》が担当した。物語は弥助の境遇に寄り添いながらゆったり進んでいくが、史実通りには描かれていない。この『くろ助』が実際に出版されたのは一九六八年になってからのことだった。その頃には第二次世界大戦の敗戦により、世界における日本の位置づけや国際社会との関係は劇的に変化していた。この絵本は一九六九年に日本児童文学者協会賞を受賞している。

次に弥助が登場したのは、遠藤周作の一九七一年の小説『黒ん坊』のようだ。この題名は日本語で黒人を表す侮蔑語である。弥助の人物像は、一九三〇年代にヨーロッパの漫画『タンタン』で描かれた黒人を思わせるお調子者として、それまでとはずいぶんと異なる描かれ方をし

来栖良夫作『くろ助』の表紙

ている。これもまた、執筆された時代の背景が投影された作品である。当時の日本は、世界の主導権を握ったアメリカ人の思考法に同調し、冷戦時代の新たな国際秩序に順応する道を模索していた。『黒ん坊』の弥助は、日本人の考え方が反映された第三時代の弥助を象徴していると言っていいだろう[4]。

弥助の第四時代は、現代の日本がその技術力で世界を牽引したとき、パソコン

(2) 台湾と朝鮮にも志願兵はいたが、列強が植民地を兵の調達先としていたように、ほとんどの男性は日本国民として徴兵されていた。
(3) インド国軍兵の大半は、シンガポールで捕虜となったイギリス系インド人兵や他国に移住したインド人だった。

とともに始まった。コンピューターゲームは大衆文化の地位を確立した（最初ではないにしても）ソフトウェアのひとつであり、弥助はその一部となったのである。日本の歴史を中心に据えたゲームが開発されはじめると、一九八三年にゲーム制作会社コーエーが『信長の野望』という作品を発表し、弥助はそのゲームの登場人物になった。同シリーズは発売以来、多数の新作がリリースされ、弥助は二〇一三年の作品『信長の野望・創造』にも再び登場している。[5]このゲームは世界中で発売され、日本の文化と歴史は国際的にも新たに注目されるようになった。

ゲームのキャラクターになった弥助は、人々にとって身近な存在になった。また、おもに米国から輸入された〝ブラック・カルチャー〟の日本での人気も相まって、弥助のイメージは子供向けのキャラクターや人種の類型ではなく、英雄的戦士へと一新された。こうして弥助は、日本のテレビで放映される信長にまつわる漫画やアニメ、テレビドラマ、映画において、すっかりおなじみのキャラクターとなった。

代表的な例としては、二〇〇九年から連載中の漫画『信長協奏曲《コンツェルト》』で〝ヤング〟という名のキャラクターとして描かれている弥助が挙げられる。漫画を基にTVアニメシリーズが制作され、[6]実写のテレビドラマや映画にもなり人気を博した。内容は、日本人の男子高校生がひょんなことから戦国時代にタイムスリップして信長になるというストーリーだ。アニメの第十話で、やはり現代からタイムスリップしたアメリカ人プロ野球選手である〝ヤング〟が弥助として登場する。

別の例として、直接的なつながりではないものの、一九九八年に出版された漫画『アフロサムライ』の主人公は、弥助の影響を受けていると（真偽は定かではないが）言われている。内容は、未来の世界でアフリカ人の黒人〝サムライ〟が父親を殺した敵《かたき》を討つというストーリーだ。アニメ版は二〇〇七年に放映され、主人公の声をサミュエル・L・ジャクソンが務めた。アニメ映画はエミー賞を受賞し、テレビゲームも発売された。

現代の私たちにとって弥助とはどんな存在なのか？(4)

弥助は十六世紀の人物でありながら、インターネット時代にマッチしたキャラクターでもあるようだ。この章への情報提供者たちは、過去三年以内に弥助の話を聞いたばかりか、あるいは噂でなんとなく耳にしたことがあるだけだったと回答している。また、弥助を知るきっかけは、ウィキペディアかフェイスブックだったというのが一般的だ。情報の乏しさと情報との接

(4) ここで紹介する意見は、著者と意見交換をした情報提供者たちのもので、かならずしも著者の意見とはかぎらない。

触時間の短さにもかかわらず、彼らは弥助にインスピレーションを受け、ドキュメンタリーフィルム、小説や漫画のテーマに取り上げたり、弥助伝説をティーンエイジャー向けアート講座の題材にしたりしている。彼らは弥助が自分の人生の糧《かて》になると感じ、それをほかの人と共有したいと考えたのである。

弥助の逸話が人々を惹きつける理由はさまざまなようだ。ある情報提供者の女性は白人男性を中心に据えた従来の歴史ではなく、別の視点から歴史を見ようと考えており、非ヨーロッパ人を犠牲者と位置づけるのではなく、彼らが大躍進する成功譚にスポットを当てる活動をしている。彼女いわく、昔から歴史学者には歴史を美化・歪曲したり、不適切な部分を削除し、受け入れがたい事実をごまかしたりする傾向がある。受け入れがたい事実とは、たとえば、米国における西部開拓や第二次世界大戦中の日本人抑留、先住民のホロコースト、また南京事件やケニアのマウマウ団の乱など〝進歩と帝国主義〟の名の下に行なわれた虐殺などである。また、彼女はアメリカのケーブルテレビ局ＨＢＯが製作した映画 *10,000 Black Men named George*（〈ジョージという名の一万の黒人〉[8]）についても触れ、「友人と一緒にこの映画を見たとき、多民族社会（この場合は米国）では、どの人種に生まれたかによって同じ母国でもまったく違う経験をしている人々がいることを知り、目の覚める思いがした」と語った。有色人種の同胞が語った彼女の母国の話は、彼女自身の経験や、母国に伝わる神話のごときストーリーとはまったくかけ離れていた。ある社会の〝国民的な〟感情がどんなものであれ、それを全員が共有することはない。たとえプロパガンダの繰り返しによってそれが真実だと国民が信じていたとしても。

日本で男性が大半を占める職業に就いているアメリカ人白人女性として、彼女は職業人生において個人的に性差別や人種差別を受けた経験が多々あった。その中でもある出来事が、この思いを改めて痛感させ、新しい思索の道を歩き始めるきっかけとなったという。

わたしが日本人男性と結婚したとき、知り合いの白人男性がわたしのところへ来て、言ったんです。「ジャップと結婚する必要なんてなかった。君くらい魅力的なら、白人の男を捕まえられたのに」

この情報提供者にとって、弥助はオルタナティヴな歴史を体現している。犠牲者ではなく、英雄となったアフリカ系の男性――それが弥助なのだ。イエズス会がアフリカ人従者たちを軽視した行為は、彼らをその時代の犠牲者として位置付けているが、彼女の眼には、信長の弥助に対する敬意のほうがよほど弥助の価値を正当に示していると映っている。

二人目の情報提供者は、プロの漫画家のアメリカ人男性だ。黒人のキャラクターが出てくる漫画を描きつつ、漫画の描き方を教えている。彼は日本語の〝黒人マンガ〟を通じて弥助にたどり着いた。そこから着想を得て、ティーンエイジャー向けの芸術コースの題材に、『くろ助』のキャラクターと弥助の人生全般を取り上げた。彼は弥助の逸話が、多くがアフリカ系アメリカ人である彼の生徒たちを惹きつけ、彼らに力を与えるだろうと感じた。個人的に、こんなコメントも寄せてくれた。

弥助の逸話は心を浮き立たせてくれる贈り物であり、黒人文化の暗黒時代にも、光があったことを教えてくれます。

二人目の情報提供者にとって、弥助は、通常は苦痛を強いられた被害者としてしか描かれることのない広義の民族史における一筋の光明であるようだ。

英国人作家の情報提供者もいた。その男性は日本史に大変興味があり、信長とその時代を調べているときに偶然、弥助の存在を知ったという。

僕は興味を惹かれて、この男について詳しく調べはじめました。十六世紀の日本にアフリカ人がいたかもしれないなんて、ありえないとしか思えなかったから。どう考えても場

黒人キャラクターを取り上げたティーンエイジャー向けアート講座の広告イラスト

　ちがいな弥助という男は、日本の著名な武将の家来になり、僕の知るもっとも興味深い歴史上の人物のひとりになりました。彼についての情報がほんのわずかしかないことも、彼の存在をさらに魅力的にしています。

この三人目の情報提供者は弥助の逸話自体に興味を覚えており、奇想天外な小説を読むように、弥助と信長の関係や彼が存在した場所と時代に隠されたミステリーに惹かれている。さらに彼は、弥助の逸話が現代の私たちにどう関係があるかについて、自分の考えを話してくれた。

　僕は、世界中の右翼思想を持つ

人々がなんと主張しようと、世界は今も昔も見た目よりもずっと小さいんだということを、弥助が証明していると思います。歴史を精査すれば、異邦人として生きた何千人もの弥助のような人々が見つかることでしょう。思いもよらない場所に思いもよらない肌の色、国籍、信条を持つ、さまざまな人種の人々がいたのです。世界が難民危機に瀕しているこの時代に、どの時代にもまったく異なる文化に適応し、その文化の一部となった異邦人が存在していたんだということを、弥助は教えてくれているんだと思います。

四人目の情報提供者もこれと同意見だ。

私が強く感じたのは、弥助は母国を出て試練や苦難を乗り越えた男だということです。これは逆境を勝利へと変えた物語で、だからこそ、私たちすべてに関係のある話だと思います。

三人目と四人目の情報提供者は、どちらも弥助を異文化での困難をものともせず成功した異邦人だと位置づけている。一味ちがう移民のサクセス・ストーリーということだ。弥助の逸話は、グローバル化された相互につながる世界——もはや同質社会は存在せず、民族や部族の境界線と政治的国境がほとんど一致しない世界——が抱える多文化と疎外という現代的問題をどう扱うべきかについての教訓となりうる。情報提供者たちの指摘はきわめてもっともだ。弥助の時代にも、こうした問題は同じようにあった。人類が時代を超えて取り組むべき課題であり、簡単には答えや解釈が見つからない問題なのだ。文化的、政治的、軍事的な勢力を背景に、各地域や地方、世界の秩序の中で、さまざまな国家が盛衰を繰り返してきた。アメリカ合衆国はかつて英国の植民地であり、英国はその歴史の大半をラテン文化の影響に屈してきた。日本も同様に、かつては中華思想の世界で主要な役割を果たしていた。コンゴはかつてその地域を支配していたが、外国の支配に屈し、現在は破綻《はたん》国家の地位に甘んじている。インドの文化的影響は、かつては遠くモザンビーク、バリ島、日本まで及んでいた。現在ではインド人の海外移住による食生活や文化の広がりにより、さらに遠くまで広がっていると考える向きもあるだろう。覇権国家も支配民族も世襲されることはなく、ヒトラーやキップリングが考えていたであろう不滅の世界支配国家など存在しない。英国でドイツ系移民の作曲家ヘンデルが活躍したように、弥助のような男が中世の日本で有名になれないと決めつける理由はない。

五人目の情報提供者は日本史マニアのフランス人男性だ。十代のころに読んだ漫画がきっかけで弥助にハマったのだという。初めて弥助について知ったときのことを彼はこう語っている。

弥助の話の斬新さに魅了されました。彼はその他大勢の侍じゃない。唯一無二の侍です。それに、ものすごく暴力的で不可解な人物として描かれることの多い信長が、こんなにも偏見のない人だったことにも興味を覚えます。なにより、弥助が生きていたという事実を現代の私たちが知っているということが、とてもロマンティックだと思いました。といっても、彼が生きて死んだということ以外にはほとんど何も知らないも同然ですが。

弥助の物語にすっかり夢中になった彼は、すぐさま懐疑的な上司を説得して、フランスのラジオ局のウェブサイトに記事を載せる許可を取った。[9] その記事は、とりわけアフリカ人読者のあいだで人気を博した。彼は弥助の物語の持つ可能性に気づかされ、いろいろと考えた末、小説を書いてみようと思い立ったという。この五人目の情報提供者は、弥助の話がいわゆる〝暗黒大陸〞の歴史という世界に広まる否定的なイメージとは対照的に、アフリカ人を肯定する物語だから評判を呼んだのだという考えに落ち着いた。それと同時に、仏教徒として、〝輪廻《りんね》〞やカルマといった側面からこの逸話を見たとき、立身出世の後に悲劇と歴史的忘却に見舞われた弥助の人生にも感動を覚えたという。

現代に生き、人生の問題と格闘する人々にとって弥助がどんな意味を持つのかについて、五人目の情報提供者は次のように書いている。

この話は、変えられないものはないんだということを実証していると思います。多くの人々が、人種差別の犠牲者だから、運がないからなどさまざまな理由で立ち止まっています。弥助は、人は誰しもチャンスをつかめると証明しているんです。

弥助の逸話はこの五人目の情報提供者にとっても、インスピレーションを与える物語であり、多様性の受け入れや積極的な行動の象徴となる物語であり、人種的配慮を忘れさせる物語となっている。人生によって配られた手札や、一見限りある地平線に阻まれた境遇のせいで身動きが取れないと思い込む必要はないのだ。

しかし、なぜ弥助の人生はここまで人々の興味を惹きつけ、思索や内省や議論をもたらすのだろうか？　実際に、アフリカ出身だけではなく、世界中に彼のような男たちが存在していたというのに。弥助の時代は、どんな素性の男性でも（この時代には、マリア・ギオマール・デ・ピーニャ(5)のように多民族系の女性が名を成した例もいくつかあるとはいえ、通常は男性だけだった）、適切な環境に置かれれば、世界中のどこでも名声と財産を築ける時代だった。この時代にはまだ深刻に制度化された人種差別も、産業奴隷も、国民の国外移住をコントロールできる強力な政府も、狭い地域の外の世界を詳しく知るための情報源も存在しなかった。異国の人間であることや、外部の世界の貴重な情報や外国での伝手、外国語能力、異なる技術のノウハウを持っていることが売り物になった、歴史上ほかに類を見ない時代だったのだ。

歴史の主流はヨーロッパを中心に据えた視点で描かれる傾向があり、世界に技術を広めたのもヨーロッパ人だとされているが、実際には十六世紀までは、技術の普及に大きく貢献したのは中国人だった。[10] 十五世紀に中国政府が海上交易の支援を停止するまでそれは続いた。ヨーロッパ人がその役割を引き継ぎ、武器とアフリカ人奴隷以外にもアジアに多くの技術を広めるようになるのは、翌世紀になってからだった。実のところ、やがて世界の多くの国々は、技術の輸入に付随する宗教の拡散と列強への従属という対価が、自国の社会を転覆させ破滅させかねないと判断するようになった。そして土着の国家に力がある場合には、それを弾圧したり食い止めたりした。日本は弾圧を選んだ国家の好例だ。一方、コンゴはキリスト教を自国の必要に合わせて変化させ、ポルトガルの影響を——最終的には屈服することになったとはいえ——食い止めた。シャムなどのアジア諸国や中国は、ヨーロッパ人などの外国人の居住区を隔離して特権を限定し、周期的に排除した。

ヨーロッパの植民地政策が非ヨーロッパ人の地域で成功するのは、弥助の時代のさらに二百年後になる。例外は新世界で、新世界の先住民は科学技術ではなく細菌——皮肉なことに、それは現代のもっとも恐ろしい兵器のひとつとなった——によって滅ぼされた。その後、新世界の資源に加えて、アフリカ人奴隷とヨーロッパの余剰労働者階級の移住による人口の再増加、汽船やガトリング砲［十九世紀後半に米国のR・J・ガトリングが発明した回転式多銃身型機関砲のこと］の導入がもたらした富と力により、ヨーロッパ人は世界帝国を築いた。しかしながら、そうした技術の目新しさは二十世紀初期には消失した。先住民は徐々に力を取り戻し、やがてヨーロッパの分裂に後押しされて独立を勝ち取った。

明らかに弥助の人生は世界中の人々の想像を掻き立てている。情報が簡単に手に入り、かつてはニッチだと考えられていた知識にもアクセスできるインターネット時代だからこそなのだろう。

伝統的に、活字化された歴史は民族中心的な――それも大部分はヨーロッパ中心の[11]――視点で記されてきた。弥助の逸話が今日まで学術的な注目をほとんど集めなかったのは、おそらく

（5）アユタヤで生まれ育ち、ターオ・トーンキープマーという名で知られた日系人。彼女の母親はウルスラ山田というキリスト教弾圧から逃れてきた日本人とポルトガル人の混血で、父親はベンガル人と日本人の混血だった。マリア・ギマール・デ・ピーニャ、ドナ・マリア・デル・ピフィア、マリー・ギマール、マダム・コンスタンスという名でも呼ばれた。彼女の夫はコンスタンティン・フォールコンというギリシャ人（あるいはレバント人）の冒険家で、タイとフランスの両国王から叙位されている。この結婚により、デ・ピーニャはタイとフランスの貴族の一員となった。

そのせいだと言っていいだろう。弥助がどこの国の出身なのか誰もはっきりと知らないため、彼はどんな国の枠にもおさまらず、大規模な海外移住や国家間交流にも類別されない。だからこそ、今日、非学術的な注目をこれだけ集めているのだとも言える。

日本を含む東アジアに在住した黒人に関する学術的な研究は、どの言語でも、ほんのわずかしかない。また、非日本人と移民のコミュニティに関する研究も、十六〜十七世紀のヨーロッパ人貿易商と現代の移民問題をのぞくと、日本ではきわめて限られている。弥助という存在は、基本的に歴史研究の隙間からこぼれ落ちており、そのため、今日までは歴史フィクションによって語られるのみだった。黒人侍の逸話を包括的に検証しようというこの試みが状況を変えることになるのか、はたまた、謎めいた経歴の魅力を削いでしまうのかは、なんとも判断しがたい。筆者としては、そうはならないことを祈るばかりだ。弥助の物語が、これからも長く語りつがれ、人々にインスピレーションを与える源泉でありつづけることを願っている。

第四章
弥助が生きた時代

この章では、日本の歴史上でもきわめてユニークな存在である弥助について、彼が生きた時代の背景や状況をもとに探ってみたい。十六世紀の覇者、織田信長――彼自身もまた半ば伝説的な人物であり、現在も日本と世界中の人々を惹きつけてやまない日本史上の偉人の一人――によって側近に取り立てられた黒い肌の若者。その黒人侍は、本名は歴史の波にかき消され、ただ弥助という名で知られている。この名は、信長によって授けられたものと思われるが、おそらくは彼の出生名か奴隷名の音に日本語を当てたものだろう。

身分制度廃止以前に、名誉ある侍という身分に取り立てられた外国人は弥助だけではない。もっとも有名なのは、イギリス人のウィリアム・アダムス（三浦按針[1]）とオランダ人のヤン＝ヨーステン・ファン・ローデンスタイン（耶楊子[2]）だろう。彼らは一六〇〇（慶長五）年に船が難破して日本に漂着し、十七世紀初めに天下を統一した徳川家に取り立てられ、通訳、外交顧問、貿易商などの職務を果たした。江戸のヤン＝ヨーステンの屋敷周辺は、彼の名を取って八重洲と名付けられた。アダムスの江戸屋敷周辺は、昭和初期まで按針町（現在の東京都中央区日本橋室町）と呼ばれていた。また、アダムスはその名を冠した祭り（アダムスの領地があった神奈川県横須賀市の三浦按針祭観桜会や、彼が洋式船を建造した静岡県伊東市の按針祭）が開催されたり、演劇や書籍で取り上げられたりもしている。さらに、米国の有名なテレビドラマ〈将軍SHOGUN〉[3]では、リチャード・チェンバレンがアダムスをモデルにした主人公を演じている。

その二百五十年後には、ドイツ人武器商人で軍事顧問も務めたヘンリー・スネル（日本名は平松武兵衛《ひらまつぶへい》）が徳川一門の会津藩主、松平容保に仕えた。その後、日本人初の移民となる一行を率いて渡米し、カリフォルニア州に若松コロニーと呼ばれる入植地を築いたが、そのコロニーは二年で崩壊した。[4] また、特に十七世紀初めには、朝鮮出身の脇田《わきた》直賢《なおたか》(1)のように日本人藩主から日本名と扶持、さらに領地まで与えられた東アジア人たちもいた。彼らは一五九〇年代の朝鮮出兵後に[5]、現地の協力者として、あるいは囚人や捕虜として日本に連行されたようだ。とはいえ、彼らは例外中の例外であり、朝鮮人捕虜の多くはポルトガル人によってアジア全域に奴隷として売られた。一方、日本に残った捕虜たちは概して側室や工芸専門職人として藩主たちに召抱えられた。職人のなかには敬意を払われ、陶工の名匠として日本で名を馳せた者も多く、のちに藩主たちが本国送還を申し出たときにも最終的に日本に留まることを選んだ。[6] こうした職人たちが、日本における陶芸や工芸品の近代産業の礎を築いたのである。

十七世紀半ばから後半にかけては、高い地位で雇用された外国人グループが現れた。中国の明朝末期に、北部から侵攻してきた〝野蛮人〟である清の満州族の下で生きるよりも、日本に逃げることを選んだ高度な技術を持つ政治難民たちである。彼らの多くは朱舜水《しゆしゆんすい》のような学者（文人）で、また隠元《いんげん》(2)のような僧もいた。こうした外国人たちには藩主から扶持と私邸が付与されたが、武士の身分の証である帯刀まで許可されたかどうかはわかっていない。

また、当時の日本では外国人が一時的に雇用されることもあった。その中には、軍人などの立場で雇われたアフリカ系の人々もいた。たとえば、イエズス会の宣教師のルイス・フロイスは、その書簡や著書『日本史』の中で、大名、有馬晴信の下で射撃手を務めた黒人について触れている。[7] フロイスは弥助を目撃して記録した人物でもある。また、ウィリアム・アダムスと

（1）朝鮮名は金如鉄（キム・ヨチョル）。

（2）正式名は隠元隆琦。彼は招聘《しようへい》されて来日しており正確には明の文人難民ではないが、明末期・清初期に移住した人々と同時期に渡航した。

ヤン＝ヨーステン・ファン・ローデンスタインの同僚乗組員の多くも大砲射撃の指導者として働いた。日本史上もっとも重要な天下分け目の合戦として知られる一六〇〇（慶長五）年の関が原の戦いには、彼らも参戦したと考えられている。[8]

一六一三（慶長十八）年から一六二三（元和九）年まで在日イギリス商館長を務めたリチャード・コックスも、その手記の中で、ヨーロッパ人貿易商だけでなく、有馬氏、松浦《まつら》氏、島津氏に仕えたアフリカ系の人々（カフロ）にも触れている。[9] コックスの在任時には日本はおおむね平和だったこともあり、船乗り、使者、召使、奴隷として仕えていたと書かれているが、アントニーという名の松浦家の元奴隷をあるイギリス人が行政職で雇用したという記述もある。[10]

この第一次国際化時代に、海外で名を成して功績を挙げた日本人侍たちも多数いた。具体例を挙げると、アユタヤ（現在のタイの古都）で王国を継ぐ寸前まで出世した山田長政《やまだながまさ》[11](3)と、一五九二（文禄元）年の朝鮮出兵時に朝鮮軍に自軍の兵とともに投降し、その後日本軍と戦ったとされる裏切り者の侍、金忠善《キム・チュンソン》(4)の二人がそうだ。金はのちに北部の国境で日本人兵を率いて満州族を撃退した。また、清に抵抗した明の軍人で、日本人と中国人の血を引く鄭成功(5)は、十七世紀半ばに満州征伐のために日本人兵を雇おうとしたものの、徳川幕府が大陸の戦争に巻き込まれることを渋ったため実現しなかった。[12] 鄭成功の母親、田川マツは長崎の武家の生まれで(6)、のちに夫の鄭芝龍に呼ばれて中国に渡るが、清に投降した夫を潔しとせず、自害した。

現在知りうるかぎり、日本でも海外においても外国人侍の中にアフリカにルーツを持つ人物はいない。そのため、一五八二（天正十）年に松平家忠がその日記（『家忠日記』第一巻）[13]に残した弥助についての記述は、侍に任ぜられた外国人に関する最初の記録としても、その外国人が黒人であるという意味でも、貴重な史料となっている。[(7)] 弥助の人生はその他の著作物にも記録されており、実際の目撃談の場合もあれば、情報源不明の伝聞の場合もある。一方、弥助の雇用主だったアレッサンドロ・ヴァリニャーノと織田信長の人生については、どの時期にどこに住んでいたかまで詳細な記録が残されている。弥助の人生で史実に残された部分とその他の関連史料、ヴァリニャーノや織田信長の行動や言動といった情報を組み合わせることで、二十代半ばに侍として生きたアフリカ人青年の人生を浮き彫りにし、信長に仕える以前と以後の人生も含めて大胆に推測してみたいと思う。

（3）タイでの欽錫名は、オークヤー・セーナーピムック。
（4）日本名は不明。
（5）国姓爺《こくせんや》とも呼ばれ、近松門左衛門の『国姓爺合戦』のモデルにもなった。
（6）中国での呼称は翁氏。
（7）なお一五八二（天正十）年時点では、後世のような正式な階級としての侍という概念はまだ成立していない。侍とは単に主君から扶持や領地を与えられた上級武士という意味だった。

弥助の時代の日本

弥助が日本に到着した一五七九（天正七）年の日本では、北海道を除く主な三つの島とその周辺の島々が六十六の領国に分割されていた。名目上は各国にそれぞれ領主がいたが、実際には、複数の国の統治権を主張したり武力を使って他国を侵略したりする領主もいた。強奪と略奪を繰り返す山賊や海賊の頭領まがいの領主もいた。また、堺のように自治を行なう都市や農村もわずかながら存在した。そうした地域では従来の武家支配に抵抗し、農民や僧や商人たちが独立して自治を行なった。

さまざまな勢力を巻き込んだ無慈悲な戦乱の世が、すでに百年以上続いていた。弥助が九州に到着した頃にはかなり淘汰《とうた》が進み、主要な大名は数人に絞られていたが、生き残った小大名や独立心旺盛な僧侶集団によるわずかな領地と城の支配権をめぐる戦いが終わったわけではなかった。天下の流動性はいっそう激しくなり、多くの名門の武家や公家が没落したり臣下による下剋上で失脚させられたりした。名もなき者が忽然と現れて頭角を現した。十七世紀初頭の天下泰平の世は、こうした流れを経て築かれたのである。

戦が頻発しているにもかかわらず、あるいはだからこそ、領主たちは兵器購入のために経済政策に取り組み、その結果、さまざまな産業や技術が発達した。鉱業、農業、商業、海運業の分野では飛躍的な進歩が起こり、また海賊行為と兵器開発も盛んになった。[14] これは各領国の努力の成果であると同時に、中国や急伸するポルトガルとの直接的・間接的な交易と交流のおかげだった。領主たちは貿易による利益をもとに産業の振興、農業を改良、軍の増強を行ない、新しい城や屋敷を建てるために腕のいい職人を召抱えた。[15] 戦乱の世が始まる以前の日本は統一国家で多くの人口を抱えており、[16] 名目上の首都は、都（現在の京都）だった。戦国時代に都は幾度も破壊された。しかし、弥助の時代には、御所（実権のない天皇の住居で、皇族はほとんどそこから出ることがなかった）が再建され、都全体としても、戦火に焼きつくされた寺院や住居の跡地があちこちに残ってはいたものの、徐々に修復が進められていた。京の都は復興の途上にあり、人口も再び十万人に達した。(8) また、ほかの多くの都市も政治の安定、地方分権、人口増加、海外貿易を背景に繁栄しつつあった。[17]

（8）この時代以前にも、この数の人口に達したこともあっただろうが、戦や火事や経済の衰退のために多くの人命が失われた。主に信長の統治がもたらした安定のおかげで、京都は弥助が日本に到着する十年ほど前から、徐々に立ち直りつつあった。

戦の手法の変化

上述の通り、この時代を決定づける特徴は内乱である。一四六七（応仁元）年、有力守護を巻き込んだ将軍家の跡目争いが全国規模の戦乱に発展した。十年に及んだ応仁の乱により国家としての機能は衰退し、室町幕府の支配力は低下した。[18]応仁の乱以降には、戦国大名たちが領地をめぐる小規模な争いを始め、そうした紛争が次第に全国各地に広がった。

この戦乱の世は基本的に、いつ終わるとも知れないまま、十六世紀半ばまで続いた。さらにこの紛争は中国にまで飛び火して、一五二三（大永三）年、遣明船の権利をめぐって反目しあう日本の大名家が、寧波《ニンポー》市街で争いを起こした。その結果、一五四九（天文十八）年に中国は日本との正式な交流と貿易を全面的に禁止した。[19]

この時代に、戦の手法そのものに大きな変化が起こった。かつての戦は比較的少数の精鋭の武士たちが、刀や弓といった高度に専門的な武器を使ってそれぞれ戦うという儀式的な決闘だった。しかし、新しい時代の戦は、一万人規模の軍隊間の複雑で戦略的な戦争へと変化した。また槍のように特殊な技能を必要としない武器が一般的に用いられるようになった。これは軍の規模を大型化するために農民が徴兵されるようになり、歩兵の数が急増したためである。[20]弥助も、この新しい時代の波の恩恵を享受したと言えるだろう。名家出身でなくても、生まれたときから武士としての訓練を受けていなくても戦に参加できたからだ。

上級武士たちは指揮官となり、戦場では刀や弓の出番が減っていった。火縄銃がポルトガルから伝来すると、この傾向にいっそう拍車がかかり、ほんの短期間で、一万挺単位の火縄銃が日本の職人の手で製造されるまでになった。この新しい産業の発展はめざましく、十六世紀末期には、日本はおそらく銃の世界最多保有国となり、火器とその関連製品は海外でも販売された。[21] 当時のオランダ船の積荷記録には、アジア地域で使用する自国向けやシャム王国への輸出向けの日本製火器が記載されている。日本の武器輸出は、一六二〇（元和六）年に日本人傭兵の海外雇用と併せて禁止されるまで続いた。ともあれ、貿易と国際交流、そして戦の様式は根底から変化を遂げた。十六世紀末には、戦は銃を持った下級武士の軍隊によって大規模な一斉射撃を行なう形式が主流となり、戦場の勝敗の行方を左右する重要な要因となった。

侍とは何か

本書の主人公、弥助は信長によって侍の身分を与えられたわけだが、それはどういう意味なのだろうか？　歴史上のこの時期における侍とは、大名などの主君に雇われた上級武士を指している。主君と家臣の関係を特徴づけるのは、双方の義務と期待である。家臣は自分と家族の生活の保障を主人に期待し、代わりに主人に対して兵役と、時として領国の行政に携わる義務を負った。この主従関係は下級武士や、おそらく家来ではない兵たちにも適用されただろう。弥助の時代になると、足軽と呼ばれる下級武士も数多く召抱えられ、専業兵士として相応の給金と長期雇用を約束されていた[22]。

戦で敗者となった側の侍は、主君に敗北をもたらした罪を償うため、自らの腹を切ることもあった。しかし、常に切腹していたわけではない。多くは軍から逃亡して牢人《ろうにん》(主君を持たない武士)になったり、相手側に寝返ったりした。死ぬまで忠義を尽くす侍もいたが、一方、主君に命を賭ける価値がない、または敗色濃厚だと判断して、部隊が丸ごと逃亡するケースも同じくらいあった。侍の伝説の真相がどうであれ、確かなことがひとつだけある。侍はじつに手強い兵士であり、国外の統治者から恐れられ、かつ傭兵として雇いたいと切望されていたということだ(9)。

日本にいた奴隷たち

弥助の時代は、八世紀から十九世紀までの日本の歴史の中で、もっとも社会的流動性の高い時代だったと思われる。百年にわたる戦乱の世を経て、血統や文化に基づく古い体制が徐々に崩壊し、新しい勢力や社会運動や考え方が台頭しはじめた。かつては侍とは公家より身分の低い上級武士のことだったが、弥助の時代には、名も無き人々が公家と同等の地位まで昇りつめることもあった。農民、職人、商人が権力を握ることも可能で、能力のある男女が混乱の世に乗じて大出世したりした。十六世紀末には、たとえば歌舞伎のような新しい形態の芸術や演劇、大衆文化も出現した。

弥助はおそらく奴隷または契約労働者（半隷属的に数年契約で働く労働者）の身分だったと思われる。そこで、日本社会で同様の身分にいた人々に――弥助の身柄は当初は少なくとも日本ではなくポルトガルの法の下にあったが――眼を向けてみよう。当時の日本では、奴隷の売買が行われていた。実際、一五五五（弘治元）年以降、日本人の少女奴隷たちが遠く離れたポルトガルにいた記録も残っている。[23] また、日本で外国人貿易商が奴隷を売買する以外にも、日本人海賊が中国や朝鮮、さらに遠くの地域で略奪を行い、戦利品として奴隷を連行することが常態化していた。アフリカ人も日本人奴隷（おもに側妾《そばめ》の女性たち）を購入することができ、

（9）スペイン国王は臣下に対し、いかなる状況でも日本人と争いを起こしてはならないと命じた。一方、フィリピンに入植したスペイン人は、治安維持のために日本人軍隊を使った。またドイツ人、イギリス人、シャム（タイ）人、朝鮮人も日本人傭兵を雇用した。

帰国の際に彼女たちを連れていくこともあった。[24] 有力武将のお気に入りの家来だった弥助自身、従者だけでなく奴隷も与えられていた可能性は充分にある。[25]

日本における奴隷貿易は、売買の拡大を危惧した秀吉によって一五九〇年代に禁じられたが、契約労働者の売買という形式で続けられた。いったん奴隷となって国外へ出されてしまうと、日本側にできることはほとんどなかった。一六三五（寛永十二）年から一八六六（慶応二）年まで続いた鎖国政策(10)により、奴隷貿易はいったん根絶されたものの、その後、再び自由な渡航が合法化されたとたん、日本人女性が高級娼婦として海外へ売られるようになった。こうした売買は、一九二〇年代に法律で禁じられるまで公然と行なわれていた。[26]

ポルトガル人などの外国人は、本国から弥助のような奴隷や召使を連れて来日し、なかには日本人に売り渡される奴隷もいた。当時の奴隷制度の形態は、現在、一般的に考えられている形態とは異なり、契約労働者に近いものだった。日本在住の黒人、中国人、朝鮮人奴隷たちは職業を持ち、所有者の家に養子として迎えられたり、家族の誰かと結婚したりすることもあった。[27]

弥助の雇用主だったアレッサンドロ・ヴァリニャーノをはじめとして、アジア地域のカトリック宣教師たちは、公式には奴隷貿易に反対の立場を取っていた。[28] 一方、アジア（とりわけゴア）のポルトガル植民地、ひいてはキリスト教布教拠点が、アフリカ人、ポルトガル人、現地民の奴隷や契約労働者の労働力なしには成り立たないことも理解していた。[29] そこで彼らは良心の呵責を和らげるため、奴隷の待遇の良さを強調し、奴隷の魂が救済される——自由な身分の異教徒よりも、魂が救済された奴隷のほうが幸いである——という宗教的解釈で奴隷制度を正当化した。

アフリカでも南北アメリカでもアジアでもヨーロッパでも、[30] 世界中のいたるところで奴隷とされる人々が存在し、アラブ人、日本人、中国人、ヨーロッパ人などの奴隷商人が奴隷を購入したり、人々を拉致して輸出したりした。こうした奴隷たちは支配階級や中流階級の暮らしを支え、護衛からセックス、音楽、肉体労働まで、考えられるかぎりのあらゆるサービスを提供した。彼らは陸《おか》では荷を運び、海では帆船を操縦した。ことの是非はさておき、ポルトガル人は、アフリカ人をもっとも御しやすく従順な奴隷と見なし、その体力と体格を高く評価した。[31] のちに、フランス人はおそらく似た理由から、インド人を重用したようだ。[32]

(10) こうした禁止令が長く守られたという事実は、徳川家が権勢を振るい、完全な支配権を握っていた証左となる。これだけ厳しい法律をこれだけ長期間施行することができた国家はそうなかっただろう。事実、この時代に内密に渡航した日本人はごくわずかしかいなかった。さらに、朝鮮、琉球（現在の沖縄県）、蝦夷（現在の北海道）といった国外地域に大名が居住する場合にも、幕府の許可を要した。

中国・朝鮮との国交断絶

日本列島はユーラシア大陸の東端に位置しており、そのため、昔から国際交流といえば、まずは朝鮮半島や中国大陸にある政府や国家との交流が基本だった。[33]中国は古来、先進国としての社会モデルを周辺国に提供し、日本は多くの文化や社会技術を中国から取り入れた。朝鮮半島の国家はしばしば日本と中国の中継点の役割を果たし、文化が日本に伝播《でんぱ》するまえに朝鮮で独特の変化が加えられることもあった。[34]

また日本の政権は、可能なかぎり東アジア諸国との正式な国交を維持した。その中には、歴代中国王朝や朝鮮半島の国々などの周辺諸国との朝貢関係も含まれた。中華思想に基づく国際交流制度は、より〝劣った〟人々が中国の栄光に服従し、寛大なる中国皇帝が両国間の国交を許可するという形態が取られた。(11)日本の統治者の中には、服従の地位を喜んで受け入れた者もいれば、渋々承諾した者もいた。いずれにせよ、当時は国際交流にほかの形態モデルがなかったため、覇権主義的ではあるがおおむね穏健な中国権力に従うか、交流を拒否して孤立するくらいしか選択肢がなかったのである。[35]

七世紀から十六世紀までは、日本列島と中国大陸の間の公式な軍事紛争は、元寇（十三世紀に中国と朝鮮半島を支配していたモンゴル帝国による日本侵攻の試み）をのぞけば一度もなかった。しかし非公式には、数え切れないほどの海賊による略奪と、ごく稀に政治的な干渉が、双方向で起こった。[36] 一五四〇年代後半、明王朝は倭寇による略奪被害と日本国内の混乱を鑑みて、[12] 日本との交易を拒否したとされる。それにより、日本は中華思想に基づく国際社会から切り離されることになった。それよりも早く、十六世紀前半には、朝鮮王朝が日本との公式な関わりを（中国ほど徹底的ではないにせよ）制限していた。[37] これをきっかけとして、日本は独自の路線を歩むことを決め、他国は日本の統治者に敬意を払うべきだという姿勢を打ち出した。[38]

この外交上の決裂によってアジアの交易ルートを失った日本は、外国産の贅沢品だけでなく薬や織物といった通常品まで品薄に陥った。[39] しかし、この供給不足は、すみやかにポルトガルとの交易で穴埋めされた。ポルトガルは一五四〇年代に日本人と初めて接触し、これを絶好の交易の機会ととらえた。[40] その後の数十年間、日本との交易が急伸し、ポルトガルは東アジア貿易網において重要な役割を果たした。ポルトガル人に加えて、中国政府の意向に逆らって来日

(11) 紀元五十七年には、後漢王朝の光武帝から倭（日本）の国王に王印が下賜された。全員ではないが多くの日本の統治者は、金品を献じて中華思想に基づくシステムに加わっていた。
(12) 中国は日本人海賊の仕業と非難したが、実際には、少なくとも日本人と同程度の数の中国人やその他の国々の人々（ヨーロッパ人や、おそらくアフリカ人）も海賊行為を行なっていた。

した中国人貿易商や海賊の姿も日本中の港町でよく見かけられ、その多くは定住して家庭を持った。こうして交易を管理し通訳として働く中国人コミュニティが形成された。[41] また京都では、少数ではあるが、名家出身の若い琉球人たち（現在の沖縄県民の祖先）が学問を学んでいた。琉球との交易は九州の港で大規模に行なわれていた。[42] 朝鮮船は、堺など畿内の港に出入りし、対馬など九州西部の島々を通じて交易を行なった。[43] 北部では、先住民のアイヌの人々が仲介人となり、さらに北側の地域やシベリアとの大規模な交易が行なわれた。後年、この交易ルートは中国製品（特に絹織物）の輸入ルートにもなった。[44]

日本人の精神性

日本は一般的に仏教または神道の国だと思われているが、日本人の精神性は、おもに神道、仏教、儒教、道教、民俗宗教によって形成されている。[45] この多岐にわたる思想の融合が数多くの宗派を生み、数多くの社会運動を引き起こしてきた。その中には、日本で深まったものもあれば、海外の思想に深く根差したものもある。

仏教は六世紀に、おそらくは中国から、朝鮮半島を経由して伝来した。当初は上流階級の信仰だったが、平安時代中期を過ぎた頃から、土着の精神思想や民俗信仰と結びつき、急速に一般庶民にも浸透した。[46]

この土着の精神思想には、日本の創造主たる神々、各地の自然崇拝、神格化された人物などがすべて含まれている。そのルーツは遠い歳月の彼方にあって辿《たど》ることはできない。この思想は後世になって神道と呼ばれるようになったが、(13) 一五七九（天正七）年にはまだ一般的な呼称はなかった。仏教が上流階級だけでなく一般庶民にも信仰されるようになるにつれて、神道は輸入された仏教哲学と融合し、実質的には区別がつかなくなり、同じ施設でどちらの神々も崇拝されるようになった。寺院でも神社でも、さまざまな神や霊魂、菩薩、思想哲学体系が祀《まつ》られた。[47]

一五七九年には、国民の大多数が地元の寺院や神社で参拝していたことだろうが、人々が参拝するのは必要を感じたときだけだった。また祈りの内容は、深遠な精神的問題よりも、仕事や戦での成功といった〝現世利益《げんせりやく》〟を対象にする傾向があった。キリスト教やイスラム教のように、信徒同士が一体化してまとまる慣習はなく、あったとしてもごく稀だった。戦国武将たちは、ある集団にそうした兆候が見られると、それが事実であれ濡れ衣であれ、脅威と見なし

（13）江戸時代以前の神道は、第二次世界大戦前の天皇を現人神（あらひとがみ）として祀った神道とも、戦後の現代神道とも、混同すべきではない。

て情け容赦なく制圧した。[48] 一五八一（天正九）年、織田軍は抵抗を続ける伊賀国を徹底的に壊滅させた。

信心深い人々は経済的に余裕があれば僧侶や遍歴僧に寄付をしたが、信長のように覇権を狙う者たちは、古い宗教施設の修繕や、新しい施設の建設を行なった。信長は皇居と伊勢神宮――どちらも神道儀式と国家精神に結びついた施設だ――の修繕事業を手がけた。[49]

一五七九年、信長は一向一揆を冷酷かつ徹底的にほぼ鎮圧した。それ以前は、寺社勢力は僧兵を雇って巨大な軍事力を振りかざし、公式にも非公式にも日本列島の相当な地域を支配していた。[50] そんな寺社勢力を脅威と見なした信長は、僧侶を親類縁者もろとも虐殺し、寺院を丸ごと焼き払ったのである。とりわけ有名な例は、一五七一（元亀二）年の比叡山の焼き討ちと、一五七〇年代後半に石山本願寺（現在は大阪城がある）を包囲攻撃しつづけた石山合戦である。過去何世紀にもわたり強大な力を蓄え、戦国武将と同様に、室町幕府の崩壊を巧みに利用してきた寺社勢力は、信長によって完膚《かんぷ》なきまでに制圧された。それ以降、権力に抵抗する独立心旺盛な一面はなりをひそめ、武将が治める国家の道具として使われるようになった。

さまざまな思想が融合した日本独特の宗教に加えて、一五四九（天文十八）年、新たな思想が日本列島に上陸した。この日本人の理解の範疇《はんちゅう》を超えた異国の思想が、やがて黒人侍、弥助を歴史の表舞台に登場させることになる。

宣教師フランシスコ・ザビエルは、旅人や商人の噂話に興味を惹かれて来日を決意し、日本人亡命者を供に連れて鹿児島の港に上陸した。イエズス会は、一五四二（天文十一）年から現在のアジアで宣教活動を続けていた。アジアは、ヨーロッパでは〝インド諸島〟の名で知られ、日本では南アジアと東アジアを合わせて〝三国《さんごく》〟と呼ばれた。〝三国〟とは、インドと中国と日本の三つの国を指している。[51]記録によると、ザビエルは日本人を高く評価し、〝今まで発見された中で最高の人種〟と評し、[52]宗教や哲学について熱心な議論を行なったという。寺社側も当初はこの風変わりな思想や哲学を説く奇妙な外国人に敵意は抱いておらず、むしろ好奇心を持って耳を傾けていたようだ。[53]しかし、のちにその関係は一変する。

一五五二年に亡くなったザビエルが、生涯で改宗させた日本人は数人だけだった。しかし、彼はイエズス会の日本での宣教活動の礎を築き、日本に関する信頼性の高い情報を初めてヨーロッパにもたらした。弥助が来日した一五七九年には、日本のキリスト教信者は十万人にのぼり、一六一二（慶長十七）年には三十万人近くに達した。[54]特に九州地方と京都周辺での布教の成功はめざましく、イエズス会は一五六〇（永禄三）年に京都に教会堂を建設した。[55]京都は当時の国政の中心都市であり、そのため、あらゆる階層の重要人物が京都に拠点か、少なくとも公邸を構えていた。京都の近くには、国内外の交易を行なう港湾自治都市の堺があり、中枢を担う有力市民の中にもキリスト教信者がいた。さらに、織田信長の臣下で、有名なキリシタン大名である高山右近は、高槻（現在の大阪府）に広大な領土を持っていた。

アジアと日本におけるイエズス会

弥助の人生を理解するうえで重要な鍵となるのは、弥助がどのように、なぜ織田信長と面会し、仕えるに至ったのかを知ることだ。歴史上の記録に初めて弥助が登場するのは、イエズス会のイタリア人宣教師、アレッサンドロ・ヴァリニャーノの従者としてである。ヴァリニャーノは、一五三九年にキエティの名門貴族の家に生まれた（キエティはその後ナポリ王国の一部となり、ヴァリニャーノの来日当時はスペイン領だった）。華々しい経歴を経て、一五七〇年に積極的な宣教活動で知られるカトリック修道会、イエズス会に入会。とんとん拍子で出世し、一五七三年八月には三十四歳の若さで、当時はポルトガルの支配力と影響力が強かった地域の東インド管区の巡察師に抜擢された。[56]

ヴァリニャーノは巡察師として、イエズス会の財政、ビジネス、貿易、教会法、布教方針、外交を監督した。彼は大きな権限を持ち、イエズス会への修道士の入退会を許可したり、現地の布教長（現地での布教を指導する立場の宣教師）の任命や罷免を行なったり、イエズス会士を問答無用でどこへでも移動させることができた。ヴァリニャーノが適切だと判断すれば、実

アレッサンドロ・ヴァリニャーノを描いた17世紀の版画
版画集 *Galerie illustrée de la Compagnie de Jésus*（イエズス会絵画集）
第８巻、図版25

権を握るポルトガル人を無視することもでき、その決定を覆せるのは、イエズス会総長とローマ教皇だけだった。[57]

モザンビーク、インド、ムラカ（現在のマレーシア）、マカオでの視察を終えたあと、一五七九（天正七）年、ヴァリニャーノは日本に到着した。のちに弥助として知られるようになるアフリカ人も彼の護衛兼従者として初めて日本の地を踏むことになった。

日本には数多くのイエズス会宣教師がいたが、ミサや結婚式や葬儀を日本語で執り行なうには地元の信者の手を借りなければならなかった。ヴァリニャーノがアジア滞在中に対処すべき最重要課題は二点あった。一点は、アジア人信者が正式にイエズス会に入会し、叙階する先例を作ること。もう一点は、ヨーロッパ人のイエズス会士に現地語を学ばせること。[58]弥助は少なくとも間接的には、二点目の方針の恩恵を受けたと言えるかもしれない。

ヴァリニャーノと弥助は日本での最初の二年間をおもに九州で過ごした。報告書にはきわめて楽天的なことばが並んでいたが、実際の布教状況は、ヴァリニャーノの期待を満足させるものではなかった。とくに、日本人信者と外国人宣教師の間に深い溝があることは無視できなかった。[59]ヴァリニャーノは日本人信者たち、とくにキリスト教に改宗した大名たちの苦情に対処すべく、さっそく聞き取り調査を実施して、布教手法の問題点を見極めた。日本人信者の不満には、厳しすぎる規律、日本人信者に対する差別、ヨーロッパ式のやり方が優れているという考えの押しつけ、日本人信者に対する教育の制限、宣教師の日本語習得意欲の欠如などがあった。[60]

一五八一（天正九）年十月、ヴァリニャーノはこうした問題点を洗い出すと、イエズス会士たちに対して、今後の身の処し方について指示を出した。文化的に適応する必要性を強調し、とくに服装、食事、テーブルマナー、清潔さについて細かく定め、階級の異なる人々と話すときには敬語を使用することを命じた。[14]さらに布教団の組織を南禅寺の組織の枠組みを模倣して再編成し、各宣教師の社会的地位の序列を定め、階級を重んじる日本人により理解されやすい

ヴァリニャーノがイエズス会の組織編成の参考にした京都の南禅寺

ようにした。[61] 最後に、宣教師と職員に可能なかぎり日本語を学ぶよう命じた。もっとも有名な成功例は〝通訳〟の愛称で呼ばれたジョアン・ロドリゲスで、彼はその後、日本の政治と外交における重要人物となった。[62]

アフリカ人に不信感を抱いていたとされるヴァリニャーノが、(15) 自分の従者にも日本語を学ぶよう働きかけたかどうかは定かではないが、弥助は信長と面会するころには日本語で会話ができ、その礼儀作法や身のこなしで日本人を感服させたようである。[63] 一方、多くのヨーロッパ人

(14) 一五八一年にヴァリニャーノが出した指示書には、畳は毎年新調すること、学生は青い綿の着物を着て、防寒には黒い羽織を着ること、学生は白米と、たれ《ソース》をかけた魚を食べること、といった具体的な記述があった。

はそうはいかなかった。上流階級の日本人は、ヨーロッパ人を不潔で礼儀知らずで、適切な振る舞いを知らない人々と考えていた。さらに、日本には毎日の入浴習慣（寛大なヴァリニャーノですら、これはイエズス会士に命じなかった）や、箸を使って食べ物に直接触れずに食べる作法（当時のヨーロッパの食事作法は手づかみが基本で、箸を使うことは一般に軽蔑されていた）もあった。[64] 弥助はヴァリニャーノに随行して九州をめぐるうちに、個人的な観察と、おそらくは高官と為政者の会話をそばで耳にした経験から文化的違いの多くを察知し、日本と日本人について相当学んでいたと思われる。ヴァリニャーノは日本人と外国人のキリスト教徒の若者が学べる教育施設を、一五八〇（天正八）年の春にまずは長崎に、その後まもなく、弥助の次の雇用主である織田信長の城下町安土に開設した。[65]

長崎の繁栄

この時期に、日本でのイエズス会の立場も劇的に変化した。一五七一（元亀二）年以来ますます重要な拠点となっていた長崎港が、一五八〇年六月九日（天正八年四月二十七日）にキリシタン大名、大村純忠《おおむらすみただ》によって寄進されたのである。[66] とはいえ、寄進の理由は世俗的なものだった。弱小領国の大名である大村が強大な周辺国の非キリシタン大名を恐れ、マカオとの貿易

長崎湾入口（1902年）。険しい山々が自然の要塞と化している

利益の分け前にあずかるだけでなく、ポルトガルの軍事力を盾に領地の防衛を図ろうとしたのである。イエズス会の立場は不安定で、宣教師を守る軍隊もなく、頼みの綱は日本の大名の善意と国際貿易の利益だけだった。そのため、イエズス会は日本の武将をキリスト教に入信させることだけでなく、キリシタン大名とそれ以外の大名の勢力の均衡を保つことに関心を寄せていた。長崎は宣教師たちに友を助け、敵を弱める力を与えた。また、マカオとの（つまり、多くは中国との）貿易を支配し、日本人や外国人

(15) ヴァリニャーノがどこでそういう知見を得たのかは不明である。しかし、興味深いことに、彼は日本人のことは人種スペクトラムの対極に置き、ヨーロッパ人よりも優れているかもしれないとさえ示唆している。彼が単純な白人至上主義者ではなかったことは明らかだ。

の貿易商から賃料や税を取り立てることもできた。

一五八七（天正十五）年に天下人としての信長の後継者、豊臣秀吉によって没収されるまで、イエズス会は長崎港の支配権を効果的に利用した。一五八一（天正九）年の一年間で防備のための堀が造られ、教会やその他の建物が建てられた。[67] 長崎はまたたくまに多文化港湾都市として繁栄し、その後の三百年間も、日本の代表的な港湾都市でありつづけた。[68]

弥助はおそらく初めて日本の地を踏んだ黒人の一人だっただろう。しかし、最後の一人でなかったのは確かだ。推定では、一六三〇年代までの期間に、延べ数百人のアフリカ人が日本に居住していたと見られている。その中にはヨーロッパ人に雇われた者だけでなく、日本人に雇われた者もいて、さらに独立して暮らしていた者もいた。[69] 一六四一（寛永十八）年からオランダの東インド会社が交易所として借用していた長崎湾の人工島、出島には、[70] 数世紀にわたって数人のアフリカ人が入れ替わり滞在していた。[16][71]

織田信長の栄華

弥助を従者または奴隷から侍へと変えた男、織田信長は、一五三四（天文三）年に尾張の小大名家に生まれた。若き日の信長はわがままで性急な奇人だったと言われ、父親の葬儀で無礼

イエズス会士の眼から見た信長像。信長の死後、1580年代にジョヴァンニ・ニコラオによって描かれた肖像画の写真

な態度をとったことなど、その傍若無人な行動に関する数々の逸話が残されている。また、遠い国から伝わったものや珍奇なものをおおいに好み、銃や西洋式甲冑を積極的に取り入れ、ライオンの毛皮を身にまとい、異国情緒あふれる品々を陳列し、機会さえあれば外国人に話しかけていた。[72]

(16) オランダ東インド会社には、一般にオランダ人しかいなかったと思われているが、しばしばほかのヨーロッパ人（特にドイツ人）を雇用し、マレー人やアフリカ人の従者や奴隷も働いていた。特にナポレオン戦争中などオランダ船を使用できないときには、アメリカやデンマークの船がバタビア（現在のジャカルタ）から長崎まで年に一度の定期運航を担った。その船には、アフリカ系アメリカ人も乗船していた。

一五六〇（永禄三）年、信長が二十代後半のときに、桶狭間《おけはざま》の戦いで隣国の強敵、今川《いまがわ》氏を打ち破ったことで、織田家の脆弱《ぜいじゃく》な軍事的立場は劇的に改善した。その後二十年にわたって信長は快進撃をつづけ、日本の中部地方で織田家の領土を拡大した。政敵に対する処遇は苛烈《かれつ》を極め、殺害や切腹を命じたのは敵兵だけでなく、数千人規模の僧侶や女子供を含めた親族にまで及んだ。信長はその武勇や、家臣を出自ではなく実績で昇進させる姿勢で評価される一方で、無慈悲さや狡猾さで悪名高かった。一五六八（永禄十一）年、信長は新将軍の足利義昭《あしかがよしあき》を擁立し、天下取りに向けた布石を打った。また、朝廷の顔を立てて京都御所を修繕し、財政難の天皇家に献金をした(17)[73]。

一五七〇年代を通じて、信長は軍事作戦で勢力を強化し、東と北へその範囲を拡げた。それを達成できたのは、伝統的戦略の巧みな踏襲と絶妙な家臣の活用、さらに信長の考案とされる火縄銃の集中射撃戦法のおかげだ。一五七五（天正三）年の長篠の戦では、改良を加えたこの戦法により、かつて圧倒的な勢力を誇った武田氏をほぼ全滅に追い込んでいる[74]。

その途中で信長は新たに安土城を建造した。その城は芸術としての美しさと強力な軍事的要塞としての機能を兼ね備えていた。高さ二百メートルの険しい山の上に四十六メートルの高さで聳える天守は、技巧を凝らした装飾や意匠を施され、見るものに畏怖の念を抱かせたという[75]。安土城は、その後の百年間に建設される、より巨大で華美な城の原型となった。弥助はここに一五八一（天正九）年から一五八二（天正十）年まで居住した。

弥助が信長の家来となったときには、信長は名実ともに日本最強の武将であり、本州に残るわずかな有力大名を圧倒的な攻撃力で追い詰めていた。信長の死後数年以内に、後継者である豊臣秀吉はこの天下統一事業を完了させ、四国と九州も支配下に置いた。それにより、古来日本語を話す人々が住んでいるすべての地域に、再び京都を中心とした中央集権体制が敷かれたのだ。[76]

信長とイエズス会

信長がキリスト教への入信を考えていたという説がある。少なくとも、信長としばしば対談していたイエズス会の宣教師、グネッキ・ソルド・オルガンティーノはそう報告している。[77]しかしながら、この報告を裏付ける証拠はなく、信長の生前の行動から判断すると、彼はむしろ無神論者であり、まちがいなく因習打破主義者だったと考えるほうが自然だ。世俗的な利益や

(17) この時代の天皇は政治的な存在ではなく、宗教的象徴的な意味合いのほうが強かった。天皇が（男性であれ女性であれ）実権を握ることはほとんどなかった。

政治的正当性を得られる場合をのぞいて、彼が精神的な問題に関心を寄せていた様子はない。[78]信長がイエズス会を表立って支援したのは、彼らの神に対する信仰の印ではなく、寺社勢力との敵対姿勢を鮮明にするためであり、また、広い世界についてのヨーロッパ人の知識を利用するためだったにちがいないだろう。弥助を召抱えたのも、新しい知識の習得意欲や外国人を物珍しがる気質によるものだったのかもしれない。

十六世紀の日本にいたアフリカ人

当時、黒い肌をした人々が日本に皆無だったわけではない。古来、交易や宗教交流のためにインドから[79]（おそらく遥か遠くのスリランカやアラビア半島からも）渡来した〝黒い〟人々は日本に存在していた。(18)[80]もっとも重要な人物は、七五二（天平勝宝四）年に当時の都、奈良で大仏の開眼供養の導師を務めたインド僧、菩提僊那《ぼだいせんな》だ。[81]弥助が日本に到着した頃には、アフリカ人はすでにポルトガル船で（おそらく中国船やほかのアジア諸国の船でも）商人、海賊、船乗り、従者、奴隷といった身分で来日していた。[82]比較的海外との交流が盛んな九州地方であれば、真っ黒な肌を持つ珍しい人々のことが多少は知られていただろう。しかし、都での反応はまったく異なるものだった。一五八一（天正九）年、堺の港に上陸した弥助の存在は、大興奮の渦を巻き起こした。彼の体の大きさや、立派に飾り立てたイエズス会士の列に加わっていた事実も後押ししたにちがいない。

この時代の日本人は、黒い肌やアフリカ人に対してとくに否定的なイメージは持っていなかったようだ。[83] リチャード・コックスの記述によると、仏陀の肖像が黒い肌で描かれることもあり、黒い肌が崇拝の対象だった可能性もある。[84] ポルトガル人貿易商のジョルジェ・アルヴァレスは、日本の人々が「十五海上リーグ〔約八キロ〕も歩いて黒人を見にきたり、三、四日かけて彼らを歓待したりした」と記録している。[85] 弥助が日本人に雇われた最初のアフリカ人だったかどうかは定かではないが、リチャード・コックスによれば数十年のうちに、数多くのアフリカ人が日本で雇用されるようになっていた。

文書の記録はごくわずかしかないが、日本人のアフリカ人を含めた外国人との関係や彼らに対する態度を判断するのに貴重な史料が、芸術作品の形で、とりわけ狩野派が描いた南蛮屏風に残されている。狩野派が外国人を初めて屏風絵に描くようになったのは、おそらく一五九〇

(18) 肌の色に対する現代の概念は、十九世紀になってヨーロッパ人が（のちに日本人も）植民地政策を科学的手法で正当化するために、便宜上定めたものにすぎない。十六世紀のヴァリニャーノを含めたイエズス会士の報告書には、中国人や日本人は〝白い〟と記述されている。

年代初めのことだ。こうした屏風には、ポルトガル人、アフリカ人、インド人の来訪者と、彼らに関わりのある日本人たち（と風変わりな外国人を物珍しそうに見物している日本人たち）が、筆頭絵師率いる職業画家集団によって描かれている。[86] 初期の屏風絵は、明らかに〝目撃者〟によって描かれたものだ。つまり、屏風制作者や画家たちが実際に眼にした題材を描いているのだ。南蛮屏風の多くがマカオから来た独特のポルトガル船〝黒船〟を描写していることから、おそらくは長崎で目撃されたものと思われる。[87] 黒船の絵は、船の形を誇張し、とくに船首と船尾を大きく描かれる傾向があったが、船員たちの階級や互いの関係をうかがわせる描写や、大砲、索具、帆、居住区域などの詳細な描写が興味深い。商人、船員、外交官といった短期訪問者は、通常、外国人と日本人から成るイエズス会一行によって出迎えられ、しばしば侍の一団が付き添った。この画法は十七世紀後半に廃れたが、それ以前に描かれた後期屏風絵は、ポルトガルが日本の港を出入り禁止にされたあとに制作されており、明らかに初期作品の模倣である。[88] 屏風絵は実際の出来事を正確に表現しているわけではないが、初期作品が（事実との相違点は多々あるものの）一五九〇（天正十八）年のヴァリニャーノの再来日の様子を描写している可能性はきわめて高い。[89]

屏風絵の中の日本人は、階級や貧富の差、外国人との関係性（彼らと同行しているかどうか）によって区別して描かれている。ヨーロッパ人の従者や仕事仲間はヨーロッパ風の服装を

1590年代の硯箱。琳派の作品。象嵌《ぞうがん》細工を施された蓋に、弥助らしき非常に背の高い黒人が描かれている。ポルトガル風の洋服を着て、２本の剣をポルトガル式に差している。黒人の少年２人を伴ったヨーロッパ人が彼に話しかけている

している。宣教師のようなローブ姿の者もいる。身分の高い侍は肩の部分が張り出した豪華な和装姿だ。一方、下級武士や一般庶民は一枚仕立ての着物か、ゆるめのズボンと上着に分かれた甚平《じんぺい》を着ている。貧しさを表現するためか、たまに裸同然の者が描かれていることもある。

残念ながら、屏風絵の中の人物が、弥助をモデルにした肖像である可能性はない。南蛮屏風が制作されるようになったのは、弥助が信長の家来をやめたあとだからだ。ただし、当時の著名な画家である狩野永徳が、弥助がいた時期に信長の居城で拝謁を許されていたことは注目すべき事実だ。きちんと

した身なりで均整のとれた体格の武装した黒人を描いた絵が少なくとも一枚は存在しており、これは現存する情報が伝える弥助の人物像と一致している。

絵画を見ると、当時の日本人が黒人をどのように見ていたかがよくわかる。日本の絵画に描かれた黒い肌の人物には、四つのタイプがある。圧倒的に多いのが、ポルトガル商人の奴隷または従者として描かれた黒人男性だ。明らかに日本人に仕える和服姿の奴隷らしき黒人男性も、少なくとも一人は描かれている。彼らは一般に奴隷という立場で描かれ、日傘を持ったり、動物の手綱を引いたり、食事を給仕したりしている。坊主頭で、服装は胴衣《ダブレット》とシャツ、つけ襟、ジャケットにゆったりしたズボンといった格好だが、靴や靴下は履いていない。また武器も携帯していない。対照的に、ポルトガル人貿易商たちは一見、似たような服装ではあるものの、ずっと豪華な衣服を着ている。ダブレットと太いズボンに、フリルのつけ襟をつけ、靴と靴下を履き、柔らかな素材で作られた中サイズのつばのある帽子をかぶり、華美な柄の剣を一本または二本差している。貿易商たちの洋服の生地には光沢や装飾があり、品質の高さをうかがわせる。とはいえ、黒人の衣服も粗末というわけではない。ポルトガル人ほど豪華ではないが、きちんとした身なりで、白いシャツも含めて何枚か重ね着している。一方、年配のイエズス会士は黒いローブを身にまとい、厳格な物腰が特徴的だ。宣教師は一般に黒い縁なし帽をかぶり、外套を羽織って、剃髪している。

靴を履き、きちんとした洋服を着たアフリカ人男性。高貴なヨーロッパ人（おそらく使節）に日傘を差しかけ、付き添っている。中央には西欧風の服を着た日本人の少年２人が、右手にはイエズス会の宣教師がいる。17世紀初めの狩野派の作品

二番目のタイプは、縁なし帽かターバンで頭を覆っている。ときに突拍子もない顎ひげや頬ひげを生やしていることもある。この点をのぞけば、ほかの多くの黒人と似たような格好だ。胴衣と幅広のズボンを着用しているが、やはり靴は履いていない。彼らもたいてい隷属的な立場にいて、外国の動物を（ときには象さえも）操っていることもある。このタイプは〝ラスカー〟と呼ばれるインド人水夫が多かったようだ。彼らは奴隷または契約労働者だった。南蛮屏風に描かれている船員は、ほとんどがラスカーとアフリカ人のようだ。彼らは策具を遠くに投げたり、見張り台に立ったり、水平な円材《スパー》の上で重力に逆らう離れ業をやってのけたりしている。こうした光景を強調して描いているところを見ると、

日本人画家たちは相当度肝を抜かれたにちがいない。

三番目は稀にしか見かけないタイプだ。このタイプの黒人は、ポルトガル人貿易商のように高級な服を着て靴を履いている。隷属的な立場ではなく、ヨーロッパ人と対等の立場で描かれている。一四七ページの絵の硯箱に描かれている男性はこの一例だ。このことから、黒人全員が奴隷や契約労働者といった隷属的な立場にいたわけではないということがわかる。明らかに裕福で羽振りがよく、おそらくは貿易商か重要な地位にいる独立した個人だと思われる。弥助もこうした絵画のどこかに隠れているかもしれない。

最後のタイプは武装した黒人たちだ。彼らはこれまでの三つのタイプの中間に位置している。たいてい身なりがよく、裸足の同胞たちとは異なり靴や靴下を履いていることもある。携行した武器の種類はさまざまで、刀、槍、三叉の矛《ほこ》、弓矢などがある。こうした武器は、護衛や用心棒として雇われていることを示している。ときに馬に乗っていることもあるが、たいていは徒歩である。弥助を目撃した人物も、彼が徒歩だったと証言している。日本に到着したときの弥助も、このタイプに当てはまりそうだ。おそらく弥助は上級のアフリカ人奴隷か、傭兵の自由民［奴隷の身分から解放された人々のこと］だったのではないだろうか。

屏風絵の中には、黒人の数がヨーロッパ人よりも多い絵もあり、日本の港に上陸した外国人の中に、相対的に言ってかなり多くの黒人がいた証拠となっている。それと同時に、当時の日

槍を持つアフリカ人護衛。ほかのアフリカ人は椅子やカステラや紋章旗などを持っている。17世紀初めの狩野派の作品

高貴なポルトガル人（おそらく貿易商）に随行するアフリカ人またはインド人の弓を持つ護衛。弓は矢筒に入れてあるが、いつでも使えるように弦を張ってある。1600（慶長5）年から1610(慶長15）年の間に描かれた狩野派の作品

本人が真っ黒な肌に対して強い興味を抱いていた証拠でもあるのは、弥助に対する人々の反応や信長の極端な優遇ぶりからも明らかだ。弥助が名誉ある立場で城中にいたことが、日本人画家が黒人を描写する流行のきっかけとなったのかもしれない。

ヨーロッパ式の肖像画や風景画とは異なり、屏風絵は実在の人々を写実しているわけではないが、現実に起こった状況を表現したことはほぼまちがいない。そもそも実際に見てもいないのに、これほど突飛な光景をこれほど精緻に考え出せるものだろうか？　外国人を描写するときに、社会的立場や関係性までこれほど巧みに表現できるだろうか？

弥助の来日から約十年後、日本人初の遣欧使節がヨーロッパ風の衣服を着て帰国したことをきっかけに、日本で洋服の流行が始まった。この流行はキリスト教が幕府によって正式に禁止されるまで、十年以上続いた。[90] 当時の日本人は、現在と同様、非常に流行に敏感で、金銭的に余裕さえあれば、生地もスタイルも最新流行の服で着飾ることが好きだった。リチャード・コックスは、日本人は希少な商品をもっとも値の張る時期に買いたがると評している。[91] 彼はそんな日本人の好みに合わせて最新流行の服に身を包み、潜在顧客である日本人や中国人に対して贅を尽くして接待したせいで負債が膨らみ、日本のイギリス商館を閉鎖しなければならなくなった。弥助と同じく外国人侍となったウィリアム・アダムスが日本の港に到着したとき、服装に関して似たような失敗をしたという逸話を聞いたことがある。その件について、東京に住む

1586（天正14）年、現在のドイツ、アウグスブルクの新聞に掲載された天正遣欧使節の肖像画

ある外国人のファッション評論家は、四百年も前から、来日した外国人は自分の服装を貧相だと思っていたのかとコメントをした。

後年の絵画とは異なり、キリスト教が脅威と見なされる以前の交流初期の絵には驚くほど差別的な視点がない。風変わりな習慣や衣服、振る舞い、人種的な特徴が公正かつ興味津々に描かれている。またヨーロッパの絵にも、題材である日本人に対する敬意が表れている。実際、一五八二（天正十）年にヴァリニャーノとともに九州を発った使節たちは、ヨーロッパのどこに行っても歓待され、彼らの行く先々にはその姿を見ようと多くの人々が集まり、貴族のような栄誉に浴した[92]。この出来事を取り上げた小冊子や書籍の発行もヨーロッパ大陸中で急増したが、それらにも敬意が表れ、地球の反対側からやって来た使節たちの肖像は好意的に描かれている。

弥助がいた時代の日本は、危険にあふれてはいるが豊かで、激動のさなかにあった。日本の人々は洗練され、当時としては教育レベルも高く、好奇心旺盛で偏見がなく国際的志向が強かった。そして重要なことだが、外国人の来訪者や商人を惹きつけるだけの財力があった。時代の大きな変わり目にあったこの国では、能力があれば誰にでも功成り名遂げるチャンスがあり、実際に多くの者たちが出世し、十七世紀初期に新しい日本が生まれる道筋をつけた。効率的に統治された新しい日本は、現在のこの国の基礎となっている。今日に至るまで、この激動の時代は、映画、テレビドラマ、ゲーム、漫画、絵画、書籍など、日本と世界のあらゆるメディアでもっとも頻繁に描かれている。弥助は幸運にも、適切な時期に適切な場所に居合わせて、歴史にその名を残すことになったのだ。

第五章 弥助はどこから来たのか

弥助はどこの国の出身だったのか？　この問いは今まで深く考察されてこなかった。これまでは、ソリエの記述と、イエズス会がモザンビーク島でポルトガルの物資支援を受けていたという二点から、弥助はモザンビーク出身だろうと単純に考えられてきた。しかし、ソリエの記述にはほとんど（あるいはまったく）根拠が見当たらない。弥助は南東アフリカ出身だったかもしれないが、アフリカの別の地域か、はたまたインドの出身である可能性も同じくらいある。この章では、目撃談などが記載された文献を検証し、さらには、ヨーロッパとアジアにおけるアフリカ人の離散の歴史についてもスポットを当ててみよう。証拠を具体的に検証することで、弥助の出生地についての結論を引き出し、彼がどのように世界を旅して、やがて信長と出会い、歴史に名を刻むことになったのかを探ってみたい。

ポルトガル海上帝国と弥助の旅

弥助の出身地を探るためには、当時の貿易と旅の航路事情と、彼が日本に到着するまでに利用した海上交通手段を考慮にいれる必要がある。

弥助とヴァリニャーノはマカオでポルトガル船に乗り、九州に到着した。その船はマカオから長崎までの直行便だったが、マカオに着く以前にはまずヨーロッパを出航し、ゴアを経由してマカオに到着するという長距離航海を経ていたことだろう[1]。ヴァリニャーノ自身も、ヨーロッパからポルトガル船またはポルトガル領の船を乗り継いで、途中何度も寄港しながら、ほぼ五年の歳月をかけて日本に到着している。したがって、まずはポルトガルの交易所や軍で守られた居留地、アフリカから長崎までの海上航路や定期運航便が弥助の人生において果たした重要な役割について取り上げてみよう。

十五世紀のイベリア半島は、カスティーリャ王国がポルトガルをのぞく全地域の支配を確固たるものとし、安定を保っていた。一方、ポルトガルはかろうじて独立した王国を維持していたものの、その実態は、中世の封建制度から中央集権的な君主制へ移行しつつある貧しい発展途上国にすぎなかった。ポルトガルはヨーロッパのキリスト教国とは友好関係を保ち、北アフリカのイスラム教国とは聖戦を行なうという外交政策を取ったので、ポルトガル船は次第に母国から遠く離れた港に向かうようになった。[2] ポルトガル王国は交易によって経済を発展させるため、貴重な資金を投入して海洋船を建造し、アフリカ沿岸を目指して出航させた。航海は当初は大きな失敗を繰り返したが、やがてアフリカ最南端の喜望峰を通過し、インド洋まで到達できるようになり、東洋の香辛料や富への道を開いた。ただし、この事実は国家機密として隠匿された。その他のヨーロッパ諸国がモロッコ以南のアフリカ西海岸に何があるのかを知るのは、十五世紀終わりにスペイン国王の支援を受けた探検隊が、遠征に乗り出すようになってからのことだった。

ポルトガルは海上航路の安全を確保するため、アフリカ海岸沖のサントメ島など防衛に適した島々に入植して砦《とりで》を築いた。また、その島々を物資補給と交易の拠点とした。このように、当初から意図していたわけではないものの、ポルトガルは一大王国を築きはじめていた。しかし、支配地域は狭く、最大のビジネスは奴隷と象牙の貿易だった。スペインが南米で発見した銀鉱山に匹敵するような大型金鉱山の発見は、多額の費用を投じ、川を越え陸を進み奥地を探検したにもかかわらず、ついぞ実現しなかった。[3]

一方、ヨーロッパの貧しい小国にすぎないポルトガルは、都市部をのぞけば開発が遅れており、ひなびたアフリカと大差がなく、アジアの多くの地域のほうが進んでいるほどだった。[4] そんなわけで、国を離れたいという人材には事欠かず、冒険家、兵士、家督を継げない息子たち、山師や黄金の略奪をもくろむ輩《やから》などが続々と航海に乗り出した。こうした男たちは（なかには女たちも）、ポルトガルの支配下であるかどうかにかかわらず、やがてマラバルからコンゴまで、長崎からアユタヤまで、アフリカとアジアのあらゆる沿岸地域に住み着いた。[5] 傭兵や職人のように需要のある技能を持つ者たちは、コンゴ、ミャンマー、インド各州で仕事を見つけ、現地女性と結婚した。こうした技能者には黒人やポルトガル人との混血も多く、もちろん、彼らも弥助のような奴隷または自由民を従えていた。山師の一団は、ゴアなどのポルトガル直轄植民地と連絡を取りつづける場合もあった。また、消息が途絶えていたが、数十年後に発見されるような場合もあり、とくにエチオピアやミャンマーの共同体に溶け込んだ山師たちにはそうした例が多かった。[6]

ポルトガル人探検家たちは通例、現地の統治者の支配下で暮らしたが、ときには（とくにアフリカでは）軍事力を使って、現地の政治に影響を及ぼすことも多かった。この手法は当時きわめて異例というわけではなかった。東アジアや南アジアの港町に入植した中国人や日本人も、さらにはアジア西部、アフリカ、アナトリア（現在のトルコ）、ヨーロッパのより手近な地域に入植したペルシャ人、トルコ人、ユダヤ人、アラブ人も同様のことを行なった。そのため、アフリカ人、トルコ人、ペルシャ人は奴隷でも自由民でも、とくにインド諸州で兵士としての需要が高かった。[7] 当時は本格的なグローバル時代で、船舶技術や気象学がさまざまな地域で発展し、地球規模の大航海が促進され、あらゆる場所で人や知識の移動が起こっていた。

ポルトガルの海外進出において興味深いのは、ブラジルから長崎までという空間的拡がりと、民族的な多様性、さらにその移動手段がほぼ海上に限られている点だ。奥地へ進んだポルトガル人は原住民にとって招かれざる客となり、しばしば退却を余儀なくされた。[8] ヨーロッパ人と旅をした弥助を含むアフリカ人は――自由意思であろうとなかろうと、また男女を問わず――彼らの海外移住を支える一部であり、実のところ、不可欠な存在でもあった。多くのポルトガル人は本国ではさして功績もあげていなかったが、植民地では富を築き、上品ぶった態度を取った。黒人奴隷、船員、召使の存在なしには、入植者の威厳を保ち、〝屈辱的な〟肉体労働の必要を減らすことはできず、現地で軍事的圧力をかけることもできなかった。熱帯特有の病気に対して高い免疫力を持つ黒人たちで編成された屈強な臨時軍のおかげで、ポルトガル人はわざわざ本国から援軍を呼び寄せなくてすんだのである。[9]

日本への航海

弥助がどの時点でヴァリニャーノに仕えるようになったのかは不明である。しかし、弥助はそのすべてではなくても、少なくとも一部はヴァリニャーノの日本への旅に同行していただろう。したがって、ヴァリニャーノのたどった航路を知ることには価値がある。現代では飛行機でたった十時間あまりのヨーロッパから日本までの旅が、一五七〇年代にはどれほど危険で不潔で、命を失いかねない一大事だったかを、きっと読者にも実感してもらえることだろう。

ヴァリニャーノ率いるイエズス会一行には、十九人の宣教師と十四人の修練者と九人の平修士がいた。[10] 一行は一五七四年三月二十一日に、大型帆船《キャラック》シャガス号でリスボンを出航した。シャガス号は四つの船から成る小規模船隊の主力船だった。帆船船隊はスペイン領のカナリア諸島、エルミナ（現在のガーナ）に一時的に寄港すると、食料を積み込み、船の小さな修繕を行なった。到達が難しいとされた喜望峰も、予定よりもずっと早く回ることができ、リスボンを出航してたった四カ月後の七月十四日、細長い低地の島、モザンビークに到着した。[11]

そこは〝インド諸島〟の最初の寄港地であり、すなわち、その島からヴァリニャーノの巡察師としての責任権限が発生した。彼はさっそく現地の布教活動の調査と評価を開始した。一行はモザンビーク島に一カ月間滞在し、報告書を調べ、イエズス会の布教方針と実践方法で修正を加えるべき点を指摘した。当時、モザンビーク近辺の交易と布教の拠点では、史上最大の激動期を迎えていた。飢饉《ききん》時の食料や交易機会をめぐって部族抗争が勃発。さらにポルトガル人と現地イスラム教徒との紛争も発生した。ポルトガル人の入植や行動に対する恨みが爆発して、紛争を引き起こすこともあった。

十六世紀のモザンビーク島には、バンツー族が多数住んでいた。彼らは一時的に訪れる者や、長く定住している者たちを含めてアラブ人と取引し、アフリカ沿岸の中継港を経由して広いインド洋を隔てた交易を行なっていた。おもな輸出品は象牙、金、奴隷で、最大の輸入品はインド製品、とくに織物だった。一四九八年にポルトガルが喜望峰到達という目標を達成したとき、現地ではイスラム教が浸透しはじめていたものの、多くの部族はまだ伝統的な信仰を固守していた。[12]

一五〇七年、ポルトガルはモザンビーク島に交易と物資補給の拠点を造った。この拠点を足がかりに、まずはアフリカ沿岸部との交易を進め、やがてムタパ王国など内陸部の大国とも取引を始めた。ポルトガル人はヨーロッパの商品を持ち込むだけでなく、アラブの貿易商や入植地から仲買人の役目を奪い取ろうとした。そうすれば、輸送コストや航海時間を削減しつつ、インド洋を行き来する商品を調達できるからだ。やがて、ポルトガル人は過度な暴力や威嚇行為を駆使して、短期間で支配権を掌握した。アラブ人もポルトガル人も祖国から遠く離れている点は同じだが、アラブ人貿易商は独立した商人や現地で顔の効く実力者にすぎず、ポルトガル人貿易商のように国家が出資した陸・海軍を指揮できる立場にはいなかった。とはいえ、のちにポルトガルがさらに北に進出したときには、アラブ諸国やオスマン帝国の海軍と衝突することとなり、つねに華々しい成果を挙げられたわけではなかった。入植したポルトガル人は現地民と結婚し、やがて弥助の時代以降には、その混血の子孫が奥地との交易で重要な役割を果たすようになった。彼らはポルトガルの支配を受け入れた川沿いの部族とは袂《たもと》を分かち、それ以外の部族をまとめて沿岸部を避けた新たな交易ルートを開拓した。[13]

しかしながら、東南アフリカの現地の人々は、ポルトガル人がもたらした文明をすべてありがたく受け入れたわけではなかった。実際、おもに金鉱探しのための内陸探索は、当初は失敗と災難の連続だった。[14] 一五七〇年代初めには、千人の軍隊が丸ごと行方をくらませ、その四年後、数人の生存者が発見されたこともあったという。ポルトガルの武器はジャングル地帯ではほとんど役に立たず、彼らの大型船は浅い川では舵《かじ》取りができなかった。戦いで生き延びた者も病気には勝てなかった。[15]

さて、イエズス会一行は、モザンビーク島で数週間を過ごしたあと、最初の目的地であるゴアを目指して出航し、一五七四年九月六日に到着した。ポルトガルは一五一〇年にゴアに拠点を築いた。ヴァリニャーノが到着した一五七〇年代には、ゴアは貿易と海上交通と布教と軍事の中心として繁栄し、ポルトガルの東インド諸島における重要な拠点となっていた。[16] おもに金、絹などの織物、香辛料、それにもちろん奴隷も取引した。ヨーロッパでは香辛料がもっとも利益率の高い商品で、ポルトガルは十六世紀前半にはオスマン帝国やアラブ諸国、ヴェネチア商

ゴアの様子。1572年に出版されたゲオルグ・ブラウンとフランス・ホーヘンベルフ編集の世界都市鳥瞰《ちょうかん》図を集めた地図集 *Civitates orbis terrarium*（世界都市図集成）I—57より

人との香辛料取引を独占していた。彼らは中国や日本との貿易で得た利益を、香辛料の支払いに充てた。これはつまり、アジアの植民地における交易がほぼ独立採算で運営され、そのうえでポルトガル王国に多大な利益を還元できたということである[17]。しかし、一六三〇年代の鎖国によりポルトガルと日本の貿易は終焉を迎え、アジアにおけるポルトガル海上帝国の凋落の大きな原因のひとつとなった。ポルトガルは貿易でも軍事でもオランダやイギリスとの競争に敗れ、さらなる衰退の道をたどることになる。

　ポルトガルとイエズス会は、コーチン、マラバル海岸、チャウル、ムンバイ、サルセット、バセイン、ダマン、ディウ、マドゥラなどインド亜大陸の西南沿岸にずらりと拠点を築いた。また、内陸部には布教支所と小さな教会を設けた。支所の安全は、現地の統治者が地元の人々を説得できるかどうかにかかっていた。

ヴァリニャーノがインドのポルトガル領内にあるイエズス会拠点をすべて訪問するのに三年を要した。彼は現地の布教活動を手法面と財政面で改善しようと精力的に働いた。現地の人々を強制ではなく奨励して改宗させる後押しをし、現地の東方系キリスト教信者を含めた地元民の多くの命を奪った異端審問活動は控えさせた。イエズス会は教会だけでなく、司祭養成のための大学《コレジオ》も運営し、ヴァリニャーノは布教の主要な手法を未来に残そうと努めた。また、人種的にも文化的にも現地民より優れていると信じる宣教師たちに対して、現地語を学び、現地文化に適応するよう命じた。[18]

インドでの努力が実を結んだヴァリニャーノは、彼の担当する管区の東端にある東南アジア・マカオ・日本に赴くため、さらに旅をつづけた。一五七七年九月二十日、極東に向けて出航した一行は、インド最南端の島での短時間の陸上移動をのぞいて、ずっと船上で過ごし、ほんの数週間でマラッカに到着した。[19] 弥助はほぼまちがいなく、この時点ではヴァリニャーノに同行していただろう。一行はマラッカに九カ月間滞在し、再び現地の布教本部の抱える問題の解決を試みた。マラッカは西にはインドが、東にはボルネオが、北にはシャム、ペグー（現在のミャンマー）、中国、日本が、南西にはジャワ島とスマトラ島に数多くの王国が位置しており、かつては交易ルート上の貴重な中継地点だった。しかし、ポルトガル軍の進出により、その状況は一変した。彼らは現地民に歓迎されず、現地の紛争に巻き込まれつづけた。ポルトガル人の立場はかつてよりは安定したとはいえ、まだ安全とも安心とも言いがたかった。アジア圏の交易ルート支配という目的が達成されるどころか、多くの商船がキリスト教徒に統治されているマラッカを避ける始末だった。さらにポルトガル軍が現地のスルタンを弾圧したので治安が悪化し、海賊が権力の及ばない海域を跋扈《ばっこ》していた。[20]

ヴァリニャーノ一行の最後から二番目の目的地はマカオだった。マカオは一五五七年に中国からポルトガルの植民地として正式に容認されたが、実際には明朝が認識する以前からポルトガルの拠点となっていた。弥助とヴァリニャーノは一五七八年九月にマカオに到着した。当時のマカオは、東洋における豊かなヨーロッパの居留地となりつつあった。半島部には安全な港があり、そこを最悪の気候要因から守るようにふたつの島が位置していた。港は珠江の河口にあり、中国の国際貿易の主要な港である広州にアクセスしやすい理想的な立地にあった。マカオの富は、広州への地理的な近さだけでなく、中国と日本の絹織物交易の仲介によってもたらされた。[21]毎年夏になると、当時世界最大規模の四百トンから千トンの大型黒船が日本に向けて出航した。一五七九年には、長崎はすでに有望な取引先だった（ただし、一五七一年以前は別の港が使用されていた）。黒船には中国製の絹がぎっしり積み込まれ、高品質で目玉が飛び出るような価格の絹織物は、裕福な日本人に切望され珍重された。日本から帰還する船には銀塊が積まれ、一部はイエズス会の事業資金に、多くはポルトガル王国の資金になった。この銀により、中国は財政赤字を清算し、当時の経済大国ナンバーワンの地位を維持できたのである。[22]

ポルトガルはいかにして東洋貿易で利益を上げることができたのか？　明の皇帝は、過去数世紀にわたる絶え間ない東方からの海賊行為を日本人の仕業だと考え、日本との通商を一切禁じた。[23] 実際には、倭寇と呼ばれる海賊には中国人も多く、この当時の後期倭寇には、ヨーロッパ人やアフリカ人まで加わっていたが、[24] 明帝国は日本に科した通商禁止を撤回しなかった。日本人は凶暴で野蛮と考えられ、中国人と日本人は同じ空の下で暮らすことはできないと刻まれた石碑があるほどだった。[25] つまり、マカオを経由するこの大きな黒船以外には、中国と日本の合法的な交易は存在しなかったのだ。(1) ポルトガルはこの交易特権を慎重に守り、また高価格と高利益を保つため、市場が供給過多にならないように調整した。

イエズス会は日本との絹の交易や麝香《じゃこう》など未規制の贅沢品の小口取引によって、布教活動全体の費用を捻出《ねんしゅつ》した。彼らは黒船の貨物全体の十分の一のスペースを使用した。それ以外のスペースは地元の貿易商たちが使用し、階級ごとに割り当てられたり、入札にかけられたりした。この取引でもっとも利益を得たのは、リスボン王室からの勅命を帯びて一年ごとに任命されるマカオの行政長官兼船隊司令官である。彼は貿易商たちの利益の十パーセントもの上前をはねた。一年の任期で一生生活に困らない資産を得られるばかりか、末代までの快適な生活と社会的地位が約束されたと思われる[26]。

ヴァリニャーノは中国人のキリスト教への改宗がまったく進んでいないことにショックを受け、すぐさま布教活動を改善するための対策を講じた。〝神の母《マードレ・デ・デウス》〟という名の司祭養成の神学校を設立し、現実的で効果的な教育を行なった。また、アジア言語に精通したイエズス会宣教師、ミケーレ・ルッジェーリのマカオ派遣を要請し、中国語を学ばせることにした（おそらく現在の標準中国語である北京語ではなく、一方言である広東語だと思われる）。ルッジェーリは、たった半年でゴアの現地語コンカニ語を流暢《りゅうちょう》に話せるようになっており、この新しい言語の習得にも意欲的だった[27]。

一五七九年七月、ヴァリニャーノは数日後に到着予定のルッジェーリに指示を残すと、弥助を連れてマカオを出航し日本へ向かった。その後、マカオに到着したルッジェーリは中国語の習得を開始。その任務の膨大さに気づくと、ヴァリニャーノに書簡を送り、別の宣教師のマテオ・リッチもマカオに派遣するよう依頼した。一五八二年にリッチがマカオに到着すると、両

（1）多くの中国船は禁止令を無視していたが、明は彼らを密輸業者や海賊と見なしていた。海賊行為の罰則は死刑だったため、彼らは目立たないよう小さな船で航海した。

名はともに研究を行ない、ヨーロッパ人初の中国と中国語の専門家になった。

弥助とヴァリニャーノは七月二十五日（天正七年七月二日）に日本に到着した。黒船は当初、イエズス会の布教とポルトガルの交易の一大中心拠点となりつつあった長崎に停泊する予定だったが、ヴァリニャーノの要請で、日本布教長フランシスコ・カブラルが滞在する口之津に上陸した。ヴァリニャーノ一行は現地の状況を把握したあと、長崎へ向かった。[28] こうして彼らは、ポルトガルを出航してから五年後、ゴアを出航してから二年近く経って、ようやく日本にたどり着いたのである。これは十六世紀の基準でいえば、比較的スムーズな旅だった。

弥助の出身地

これまで、当時の政治的背景と海運事情を軸にして弥助の旅のルートをたどってきた。ここからは、弥助がどこで生まれ、日本に来るまえにどこで過ごしたかを推理してみよう。

信長の家来になる以前について、私たちにわかっていることは何か？　まず、フロイスが書簡で〝カフル〟と呼んでいたことから、アフリカにルーツを持つこと。次に、太田牛一の記した推定年齢により、一五五五、六年ごろに生まれたこと。彼の外見と性格については、真っ黒な肌をしていて、礼儀正しく、ハンサムで、背が高く強靭な体格だったこと。さらに〝弥助〟

と呼ばれていたこと。これは外国人名の音に、漢字をあてたものではないかと思われる。最後に、弥助はほぼまちがいなく人生のどこかで奴隷だった時期があること。ただし、ヴァリニャーノに仕えていたときも奴隷だったのかどうかはわからない。

これ以上のことは事実だと立証するのは難しく、推理力を働かせるしかない。まずは弥助に似た名前で体格のいい黒人青年のうち、どういう境遇ならイエズス会の高官に仕えることになるかを考えてみよう。

十六世紀のポルトガルの奴隷制度は、これまで見てきた通り、後年の大西洋を挟んだヨーロッパと新世界間の奴隷制度の歴史に基づく概念とはかならずしも一致しない。新世界の奴隷には、おもに二種類の労働が課せられた。ひとつは、重労働の農作業で、奴隷たちは農業が機械化されるまで安い労働力を提供した。もうひとつは、奴隷所有者の家庭内家事労働だ。[29] また、世襲奴隷だったことも特徴的である。一方、弥助の時代の奴隷は――奴隷から解放されて自発的に働くアフリカ人も含めて――そういう種類の労働もしていたが、専門的な仕事につくこともあった。会計職、官僚職を務める者、主人の寝床を温める役目の愛人、武装した護衛などがこれに当たる。また奴隷の身分はかならずしも世襲ではなく、さまざまな地方の法律は、生まれながらの奴隷と自由民との区別を定めていた。[30]

奴隷としてであれ、（おそらくはこちらだと思うが）自由民として仕事に就いたのであれ、弥助の職務には明らかに護衛としての仕事が含まれていた。このことは、弥助がヴァリニャーノ専従の従者だったことからもわかる。ヴァリニャーノには農作業や職人作業を行なう奴隷は必要なかった。そうした仕事は宣教師個人にではなく、イエズス会全体に仕える普通の召使や奴隷が行なっていたはずだ。[31]もちろんヴァリニャーノも、身繕いや洗濯、使い走りといった身のまわりの世話をする従者を必要としただろう。弥助がそうした仕事も請け負っていた可能性はある。しかし、彼の体格の良さや、信長が彼を武士、護衛、小姓として召抱えた事実からすると、ヴァリニャーノも弥助の腕力を見込んでそばに置いたと考えるのが自然だろう。イエズス会の巡察師であるヴァリニャーノが向かっているのは、残虐な内戦のさなかにある不安定な地域だった。そこではポルトガル王国の威光も軍事力も役には立たず、他地域への巡察の旅ならば楽しめたはずの贅沢もできなかった。さらに現地の権力者は積極的かつ暴力的に反カトリック教会の立場を取っていた。ヴァリニャーノはそういった環境にはなじみがなかっただろう。日本に来るまでに通過したポルトガル領でさえ、実際には安全とはいえず、防衛のために限られた兵が置かれているにすぎなかった。[32]日本では護衛なしでは仕事ができなかっただろうし、おそらくインド、マラッカ、マカオでも状況は同じだったろう。カトリック教会とポルトガルによる侵略はもちろん、道徳心の少ない犯罪者や海賊が大勢押し寄せて住みつくことに抵抗する現地勢力は多かった。日本人を含む船乗りたちは凶暴な荒くれ者で、現地民を恐怖に陥れた。

通称ムーア人と呼ばれたアレッサンドロ・デ・メディチ。フィレンツェ公（在位1530〜1537年）。彼の母親はアフリカ人奴隷とされ、その面影から母親は北東アフリカ出身と思われる。1534年〜1535年に描かれた油絵

つまり、弥助が護衛としてヴァリニャーノに仕えはじめた国では——それ以前にヴァリニャーノが滞在した国でも——優秀な護衛候補はほかにも多数いたということだ。これらを考え合わせると、弥助は少なくともインドにいた時点では、ヴァリニャーノに同行していたと思われる。それ以前という可能性はあっても、それ以降の、東アジアの港以降という可能性は低いだろう。

というわけで、弥助がヴァリニャーノに仕えた時期については、第一にヨーロッパからの出航時からヴァリニャーノに同行した、第二にモザンビークから合流した、第三にイン

ドで護衛として引き抜かれた——以上、三つの可能性が考えられる。

第一の可能性①——イタリア

アレッサンドロ・ヴァリニャーノはイタリア半島のナポリ王国（当時はスペイン属領）の出身である。ヴァリニャーノのように高貴な生まれの人物は、たとえイエズス会の宣教師とはいえ、従者を連れて旅をしていたことだろう。したがって、弥助がヴァリニャーノ本人か、彼の家に昔から仕える従者だった可能性もある。

イタリアにも奴隷全体に占める割合はごくわずかとはいえ、少数のアフリカ人奴隷が存在したが、その多くは若い女性だった[33]。アフリカ人男性はさらに過酷な運命を背負わされ、地中海でガレー船を漕がされたあと、イタリアにたどり着くまえに売られるのが一般的だった。イタリアでは当初、アラブ商人を通じておそらくエチオピア出身の奴隷を購入していたが、後年、ポルトガルで奴隷売買が盛んになると、イベリア半島から輸入するようになった。その奴隷はコンゴで調達されていたと思われる。しかし、弥助の時代にはガレー船の漕ぎ手以外のアフリカ人奴隷はほぼ消滅していた。

それでも、ルネッサンス期のイタリアにいたアフリカ人は奴隷だけではなかった。奴隷が市民権を得て自由民となることもあり、したがってイタリアの各都市にはアフリカ人自由民によるコミュニティがあった。またバチカンには主要なアフリカ諸国の大使館があり、アフリカ人大使が駐在した。エチオピア大使は十六世紀には教皇の準側近として重用された。もっとも重要な地位にいた黒人は、一五三〇年から一五三七年までフィレンツェ公を務めたアレッサンドロ・デ・メディチだろう。彼は〝ムーア人〟というあだ名で呼ばれた。真実は定かではないが、アフリカ人奴隷の女性の子供とされ、その肖像画を見るかぎり、アフリカ系の血が混じっていることはまちがいなさそうだ。

当時、男性の奴隷がほぼ皆無だったという事実を別にしても[34]、弥助がイタリアからヴァリニャーノに同行していたという可能性は低そうだ。ヴァリニャーノがアジアへ出航する以前から奴隷を所有していたとしても、その人物は多くの奴隷と同じように、北アフリカと地中海沿岸地域出身の非カトリック教徒だっただろう。さらにイタリアでは、アフリカ人奴隷が家事労働以外に従事していたという形跡はない。これはおそらくそのほとんどが女性だったためだろう。

第一の可能性②――ポルトガル

もしヴァリニャーノがポルトガル出国以前に弥助を雇っていたとすると、当時のポルトガルにはアフリカ人奴隷も自由民も数多くいたので、探すのに苦労はしなかったはずだ。[35]ヴァリニャーノのアジアへの航海を資金援助したポルトガル王、セバスティアン一世[36]が弥助を選んでイエズス会巡察師に下賜した可能性もある。いかに奴隷反対と公言していたヴァリニャーノとはいえ、パトロンからの贈り物を無下に断わるわけにもいかなかっただろう。

十五世紀半ばに商品として輸入を開始して以来、ポルトガル社会と経済にとって、アフリカ人奴隷はますます重要な存在となっていた。伝染病と戦争が続く貧しい国で、安価な労働力を提供する奴隷は貴重な資源だった。十六世紀にはアフリカ系住民の人口は、全人口約百二十五万人のうち十五万人にまで迫りつつあった。当然ながら、その多数は混血の人々だった。[37]また多くは奴隷ではなく、自由民の男女とその子孫であり、また数は少ないものの、アフリカ諸国の代表者や学生、司祭といったみずからの意思でポルトガルにいる人々もいた。

ポルトガル在住のアフリカ人奴隷の多くは（全員ではないが）コンゴ王国とその衛星国ンドンゴ国から連行されていた。コンゴ王国の領土は最盛期には三十万平方キロメートルもあり、北は現在のガボンから、南はクワンザ川まで内陸部の奥深くまで広がっていた。その首都、サン・サルヴァドールの人口は最盛期には五十万人もいて、当時のヨーロッパ諸国のどの都市よりもはるかに多かったと思われる。[38]ポルトガルは十五世紀以来アフリカのこの地域と関わりを持ち、深く結びついていた。

十五世紀後半以来、コンゴ王国は名目上はキリスト教国であった。ンジンガ・ムベンバ王（在位一五〇六年〜一五四三年）はポルトガル贔屓《びいき》で、彼とその息子たちは国民をキリスト教徒に改宗させるよう真剣に取り組み、ポルトガル風の衣服を着て、ポルトガル語教育制度を導入し、ポルトガルの国家制度を基にして統治機構を作った。また、ポルトガルから招聘した移住者や宣教師たちの手を借りて国政改革を行なった。その結果、コンゴ経済と輸出はポルトガルの関心──最大の関心は奴隷貿易だった──に大きく左右されることになる。奴隷貿易は頻繁な紛争と奴隷商人の汚職によって、ゆっくりと、だが確実にコンゴ王国を蝕んでいった。[39]ンジンガ王とその王子たちは奴隷貿易に不賛成ながらも、利益享受の有無とその時期次第では支援を行なった。結局のところ、奴隷貿易はなにもポルトガルの進出をきっかけに始まったわけではなく、アフリカ大陸でもコンゴ王国内でも、それ以前から実施されてきた慣例だったのだ。コンゴ王国の通貨は貝殻を使用したもので、外国人貿易商には価値がなかった。また、外国勢に輸入品の対価として交換できる商品も、奴隷以外にほとんどなかった。[40]王はヨーロッパで学んだ息子たち(2)や多くのコンゴ高官の学費でさえ奴隷で支払っていた。[41]そんなコンゴ王国の奴隷貿易に転換点をもたらしたのは、ヨーロッパと新世界にもっと奴隷を供給しろという市場からのひっきりなしの圧力だった。それはさらなる紛争を生み、王国と従属する小国や部族との関係を不安定にし、禍根《かこん》を残した。

そうした状況に不満を募らせ、コンゴと同盟国ポルトガルに対して激しく抵抗する部族も出はじめた。確証はないものの、一五六〇年代と七〇年代にジャガ族がコンゴを侵攻したのは奴隷貿易が原因だったと歴史学者は考えているようだ。[42]ジャガ族は内陸の南西部からコンゴ王国に猛攻をしかけ、領土をすみずみまで蹂躙《じゅうりん》し、首都を放棄させた。コンゴ王はポルトガルに軍事支援を要請し、その結果、ポルトガルの支配に屈服せざるをえなくなり、半植民地状態になった。[43]総勢六百名のポルトガル遠征軍は王国を建て直し、侵略者を滅ぼし、その過程で多くの人々を捕虜にした。また、侵略によって難民危機が起こると、国民の多くが奴隷として売られた。その中には上流階級の人々も含まれており、支配階層が分断され、国民が互いに不信感を抱くようになった。[44]奴隷貿易によってすでに蝕まれていたコンゴ王国は、ポルトガルの影響力が増大し、ポルトガルの植民地（とりわけブラジル）での労働力の需要が高まるにつれて、ゆっくりと破滅への道をたどりはじめた。

コンゴ王国の棺《ひつぎ》にもう一本の釘《くぎ》が打たれたのは、一五七五年にかつての属国ロアンダ（現在のアンゴラ）が、ポルトガルに併合されて属領となったときだった。これにより、コンゴ王国のすでに低下していた国力と独立がさらに脅かされ、ついにポルトガルに抵抗する力を根こそぎ奪われた。コンゴ王国は助けを請い、イベリア半島やローマに何度も使節を送ったが、その使節たちも難破に遭ったりイギリス人海賊に捕らわれ殺害されたりと災難に見舞われた。無事に航海を終えた使節も、ヨーロッパの実力者たちに丁重に追い帰された。
その後も数百年にわたり、コンゴ王国は内戦によって国土が荒廃するなか、半植民地状態のまま苦難の道を歩んだ。国民は略奪と暴力に晒されつづけた。やがて、いったんは王国内のポルトガル人勢力を制御して主権の回復にこぎつけると、十九世紀までは独立国家として盛衰を経た。しかし、その後ポルトガルが再び圧倒的な軍事力で武力介入を行ない、一八五七年、ついにコンゴ王国は正式にポルトガルの植民地となった。[45]
捕虜となったジャガ族戦士にしろコンゴ側の難民にしろ、弥助はジャガ族との紛争の犠牲者だったのだろうか？　弥助が一五七〇年代初めに船でポルトガルに移送され、一五七四年にヴァリニャーノに買われたという可能性はある。さらに、一般的な奴隷貿易によって売買された可能性も、アフリカ人の母親からポルトガルで生まれた可能性もある。しかし、ポルトガル人はイベリア半島在住の奴隷に武器携帯や戦闘参加を促してはいなかった。奴隷商人に歯向かった奴隷はアフリカ海岸沖の長い航海中に鮫の餌食《えじき》にされるか、サントメのサトウキビ農園で過酷な労働につかされた。[46]　当然、奴隷たちには従順さが奨励され、キリスト教の教えを用いてそ

（2）ンジンガ王の二人の息子はヨーロッパ世界でかなりの成功を収めた。一人はウチカ（現在のリビア）の司教となり、もう一人はリスボンの有名大学の教授兼学長になった。

の運命を受け入れるように説き伏せられた。奴隷はかならずしも終身身分ではなく、解放というにんじんが、つねに眼前にぶらさげられていた。主人の存命中はめったになかったとはいえ、遺言状による解放は希望を抱かせる頻度で実現していたからだ。[47]

武器を扱う護衛だった弥助のような男は、ポルトガルの奴隷のパターンにはあまり当てはまらない。どうやら、コンゴ出身の可能性も低そうだ。むしろアフリカ大陸からインド洋を隔てて売買された奴隷である可能性のほうが遥かにしっくりくる。弥助の足跡を求めて、次はモザンビークを見てみよう。

第二の可能性——現在のモザンビーク

一六二七年のソリエの記述によれば、弥助は喜望峰近くのモザンビーク出身のムーア人で、ギニアのエチオピア人のように黒く、ヴァリニャーノは彼を〝インド諸島〟から連れてきたのだという。ソリエの地理に関する知識は控えめに言っても、あまり充分ではないようだ。モザンビーク島は喜望峰の近くにはないし、エチオピアもギニアのそばにはない。ギニアは普通アフリカ大陸の西岸の国を指す。ソリエが主張する弥助の出身地は、事実と言うよりは推測に近いようだ。もっとも、当時はこうした地理的誤りは世界中でごくあたりまえに起こっていた。[48]

さらに、ヴァリニャーノ自身が弥助をモザンビークから連れてきたのか、インド諸島のどこかで彼を雇ったのかについては、ソリエは言及していない。したがって、弥助がどこでイエズス会に雇われたのかは不明のままだ。

ソリエは弥助が〝ムーア人〟だと記している。十七世紀には多くのヨーロッパ人が黒い肌をした人々を一括して〝ムーア人〟と呼びならわしていたが、元来は北アフリカとイベリア半島に住むイスラム教徒のことを指す言葉だった。十六世紀のポルトガル人はイスラム教徒と非イスラム教徒をきわめて厳密に区別していたのである。たとえば戦争においても、イスラム教徒の捕虜は虐殺したり奴隷化したりする傾向があったが、他宗教の捕虜は生かしておくなど、明確に対応の差があった[49]。ただし、ソリエはフランス人であり、執筆の時期もヴァリニャーノの巡察からずいぶん時間が経っている。単に彼が十六世紀半ばのポルトガル人の虐殺行為と人種区別の慣習についてうとかったか、あるいは、フランスの神学校の快適な環境で机上の推測を行なっただけなのかもしれない。いずれにしても、イエズス会がイスラム教徒を雇うというのは考えにくい。彼らはイスラム教を嫌悪しており、奴隷のほとんどは改宗を奨励または強制されていた[50]。弥助がイスラム教徒だった可能性はきわめて低く、それを考えると、ほかの部分の記述の信憑性にも疑念が生じざるをえない。

しかし、ソリエの記述に問題があるとはいえ、モザンビークが弥助の出身地の有力候補であることに変わりはない。モザンビークの奴隷の多くはポルトガル人の奴隷商人によってアジアやアフリカ、後年はブラジルへと輸出された。さらにモザンビークの奴隷は勇猛な戦士としても知られ、しばしば主人の代わりに武器を取り、敵対する原住民や他のヨーロッパ諸国の軍を撃退したという。[51]もし弥助がモザンビーク出身で、さらに生まれながらの奴隷でも子供の時分に売られた奴隷でもなく、捕虜にされた元戦士だったなら、若いころに相当な軍事訓練や実戦経験を積んでいたはずだ。そうした経験は信長を強く惹きつけただろうし、元戦士がイエズス会に雇用された理由の説明にもなる。とはいえ、ほかの側面では疑問も残る。捕虜となった元戦士が、弥助のように新しい主人に協調的で信頼を得ているという状況は考えにくいからだ。元戦士の捕虜はおもにガレー船、鉱山や農場、ごみ運搬といった荒っぽい仕事を割り当てられることが多かった。弥助のような職務を遂行するには主人に対してきわめて協力的、あるいは従順でなければならず、そうした資質は護衛に必須の軍人的気質とは矛盾しそうだ。

二〇一三年に放送されたＴＢＳのバラエティ番組〈世界ふしぎ発見！〉では、モザンビーク出身説が採られ、弥助がモザンビーク島のもっとも近くで暮らす部族、マクワ族の一員だったのではないかと結論づけた。[52]同番組の調査では、その仮説の決定的な証拠は提示されなかった。当然ながら、ＴＢＳの調査は学術的というよりも、ジャーナリスティックなアプローチで行なわれ、その仮説の決定的な証拠は提示されなかった。彼らの推論はソリエと同様、出身地

現在のモザンビークの伝統的戦士

についてはポルトガルとの交流実績からモザンビークを、出身部族についてはモザンビーク沿岸の主要なポルトガル領のもっとも近くで暮らしていたという理由からマクワ族を導き出していた。

マクワ族は一五七〇年代にモザンビーク島にほど近い地域に移住したばかりの温厚な農耕部族で、一五八五年ごろ（弥助がモザンビークを離れたずっと後）までは、比較的平和にヨーロッパ人と共存して暮らしていた。[53] 弥助の時代にもマクワ族出身の奴隷はいたが、マクワ族のおとなしい気質と、放牧民――アフリカでは通例、戦闘的な部族と考えられている――ではなく農耕民が多かった事実を重ね合わせると、弥助がマクワ族出身だという可能性は低くなりそうだ。[54]

一方、弥助がモザンビークで生まれた可能性は充分にある。その場合は、モンガ族やマカビレ族など奥地の部族の戦争捕虜だったのかもしれない。実際、両部族はアフリカ内陸部から圧倒的な強さで沿岸部に侵攻してきた強者《つわもの》揃いだった。

一五七〇年代、ポルトガル人やマクワ族など沿岸部の部族は、奥地の部族に侵攻されて多大な衝撃を受けた。やがて対策が講じられたものの、結局、マクワ族はポルトガル人が食料栽培地として利用していたモザンビーク島周辺地域に移住することになった。やがてこの移住が、一五八五年のマクワ族とポルトガル人との紛争をもたらすことになる。

ヴァリニャーノは一五七四年にモザンビーク島に寄港している。[55]その時点で戦争捕虜だった弥助を購入したのかもしれない。あるいは、弥助はポルトガル人によってゴアに輸送され、ゴアでヴァリニャーノと合流したのかもしれない。一五七〇年代にはモザンビークの奴隷貿易は定着していたが、後年、とくにフランスからの需要が伸びて東アフリカの奴隷貿易が急激に拡大した時期の規模にはまだ至らなかった。[56]弥助の時代には、ポルトガルは一年に二百人〜二百五十人の奴隷をインドに輸出していた。一五〇〇年から一八五〇年までの期間に、モザンビークからインド洋方面に輸送された奴隷の総数は、四万〜八万人と推定されている。[57]

弥助がモザンビーク地域の出身であり、インドに向かう時点でまだヴァリニャーノと合流していなかった場合、彼の最初の旅——モザンビークからゴアまで、またはインド沿岸の別のポルトガル領まで――は、季節要因に大きく左右されたことだろう。船は春に東へ向かい、秋に西に戻る。もちろん、この時代の風力に頼った航海は日数もルートもその時々で大きく変動した。ヴァリニャーノは一カ月近くかけて旅を終えたが、これは当時の基準では速いペースだと考えられていた。もし弥助が奴隷になったばかりで、売買のためインドに輸送されたとすると、その船はすし詰め状態で不衛生できわめて不快な環境だっただろう。この当時の奴隷船は、後年のように膨大な人数を一気に運ぶことはなかったものの、ずっと小さな船が使われることが多かった。

第三の可能性――インド

三番目の可能性は、弥助の出生地はアフリカ（または祖先がアフリカ人）だが、現在のインドの西海岸または南海岸のポルトガル領居留地のどこかでヴァリニャーノと合流した場合だ。居留地はどこも労働力を奴隷に大きく頼っており、日本やモザンビークを含むアジア・アフリカ全域から奴隷が集められていた。奴隷の存在は、住民の多数が現地民という地域における外国人の割合を急増させた。ゴアには、文民・軍人あわせて約千人のポルトガル人と、その約十倍のおもにアフリカ出身の奴隷がいた。[58] ポルトガル軍の苦境に際しては武装したアフリカ人奴隷が加勢することもあり、そうした場合には通例、奴隷は戦争後に解放された。もっとも有名な例は、一六二二年にオランダがマカオに日本人傭兵を含む精鋭部隊を送り込んできたときのことだ。ポルトガルは数百人の奴隷に酒を飲ませ、武器を持たせて敵を撃退するよう命じた。この奴隷たちの苛烈な反撃のおかげでマカオは救われ、彼らは戦場で自由の身となった。[59]

また、ポルトガル人はインド人奴隷の売買や、アフリカなど他国から連行した奴隷の再輸出も行なった。奴隷たちは出身国から遠く連れ去られると、逃亡したり地元住民と結託したりすることがいっそう困難になる。弥助の時代である十六世紀後半には、インドで一年に五千人〜六千人が売買されており、これは当時のアフリカでの売買数をはるかに上回っていた。[60] 奴隷は最終的にはアジア各地に輸送された。もちろん、弥助のように日本に連れていかれる者も、さらに遠くメキシコやヨーロッパにまで連行される者もいた。[61] 弥助がインドでヴァリニャーノと合流したのだとすれば、いったんインドに輸入されてから、ヴァリニャーノの東方への航海に加わったのだろう。

しかし、弥助の出身地については、モザンビークだけでなくアフリカのほかの地域だった可能性も同じようにある。アラブ人やグジャラート（インドの北西部）人やトルコ人は北東アフリカから奴隷を輸入しており、おもな取引先は現在のエチオピアだった。当時、エチオピアは複数の部族が競合していたが、最古の部族の名を取って一般にアビシニアと呼ばれていた。ア

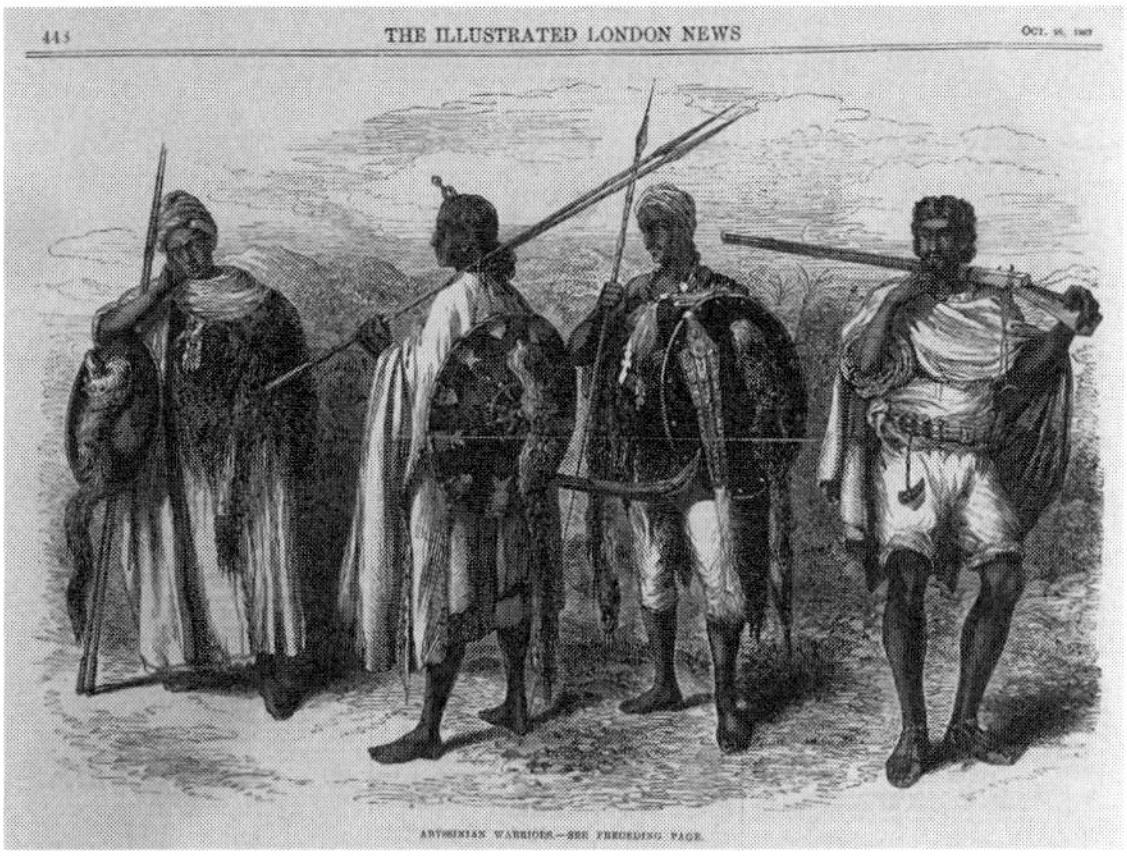

1867年10月26日付の *The Illustrated London News*（イラストレイテド・ロンドン・ニュース）に掲載されたアビシニア人戦士たちの肖像。右端の男性が持っているフリントロック式マスケット銃は、弥助の時代には出回っていなかったが、その後まもなく導入されたと思われる

ビシニアやアフリカの角《つの》〔アフリカ大陸北東部にある、サイの角のように突き出た半島〕周辺に国境を接する国々の奴隷貿易は、すでに何世紀も前から行なわれていた。[62]一方、南インドでは五世紀以降に流通していたアビシニアの硬貨が頻繁に発見されており、当時から自由なアビシニア人が商人や船乗りとしてインドを訪れていたことがわかっている。キリスト教国であるアビシニアは、その周囲をイスラム教国やアニミズム信仰国に囲まれていた。そのため、サハラ以南のアフリカでもっとも国家としての体裁を整えた国のひとつだったにもかかわらず、近隣の非キリスト教国との絶え間ない紛争により安定を欠いていた。[63]それでも、アビシニアは環インド洋圏の一部に組み込まれており、奴隷と傭兵の産地として、さらに文化の中心地として存在感を

発揮した。エチオピアの美しい宗教建築や芸術の一部の遺産は、今日でも見ることができる。キリスト教徒であるアビシニア人は、イスラム法がキリスト教徒の売買を認めていたため、奴隷として売られることも多かった。奴隷になるとたいていイスラム教に改宗し、イスラム名を取得した。そうすれば解放はされなくても、先行きが明るくなることが多く、また生まれた子供は奴隷にならずにすんだからだ[64]。

もし弥助が現在のエチオピアやその周辺国出身の奴隷だったなら、当時の常として、極貧の両親によって売られたか、北東アフリカを荒廃させた終わりなき紛争で捕虜となったのだろう[65]。そして、アビシニア人またはイスラム系アフリカ人の領主や貿易商によって、奥地か沿岸部にいるグジャラート人、アラブ人、トルコ人の仲介業者に売られた[66]あと、ペルシャ湾を通ってイエメンかオマーンで売買され、インドに再輸出されたのかもしれない[67]。これまで見てきたように、アフリカ人奴隷は地中海沿岸やヨーロッパに連行されることもあれば、弥助のように日本まで行くこともあった。インドに着いた弥助は、西海岸のどこかの奴隷市場に回された。そこで再び、おそらく数回売買されて、売買経路と熱心な顧客が存在する場所——グジャラート、カンベイ湾、ゴア、デカン高原、コーチン、長く伸びるマラバル海岸など——に連行されたのだろう[68]。銃器の導入や宗教戦争の勃発、人口圧力と環境圧力の高まりによってアフリカの角の紛争のような例が増加するにつれ、このルートの奴隷売買は十六世紀に大きく発展した[69]。

一方、アビシニア人自身が使用する奴隷の調達先はオロモ人だった。(3) オロモ人は現在のエチオピア西部に暮らすアニミズム信仰が主流の民族である。アビシニア王は当初、奴隷調達のためにオロモ人のキリスト教への改宗を禁じていた。[70] オロモ人がキリスト教徒になると、捕獲して売買するわけにはいかなくなるからだ。旧約聖書の言葉を引用して人身売買を正当化したイスラム教国やカトリック教会と同様に、国として奴隷を容認しようとしたのである。弥助の時代には、キリスト教に改宗したオロモ人もいたが、多くは従来の信仰にとどまっていた。[71] オロモ人はキリスト教勢力の隙を突いて――アビシニア人は北側のイスラム教国アダル・スルタンに侵攻され大打撃を受けていた――徐々に東へ移動しながらアビシニア人を襲撃したり、反撃されたりを繰り返した。[72] 双方が互いを奴隷にし、とくに子供の奴隷は重宝された。新しい主人は子供たちに必要な訓練を施してから、環インド洋地域の大規模市場で売却し、引き換えに交易商品を得た。ただし、弥助がオロモ人だった可能性は、あるおぞましい事実によって低いとわかる。奴隷となったオロモ人の多くはキリスト教に改宗したが、その際、自発的に顔に十字架の焼き印を受けたとされている。[73] 弥助の顔に十字の焼き印があったという記録はない。

世界で一番若い国家である現在の南スーダン（エチオピアの西側にある）には、世界で一番

(3) 当時はガラ族という蔑称で呼ばれていた。

平均身長が高いことで知られる部族、ディンカ族が住んでいる。[74] また彼らはエチオピア人、エリトリア人、ソマリ人よりも黒い肌をしている。弥助がずば抜けて背が高いこと、さらに、奴隷商人がおそらくナイル川流域のディンカ族の土地まで足を延ばしていたことを考えると、弥助がディンカ族の一員だった可能性はある。牛飼いであり勇猛な戦士でもあるディンカ族は、当時は現在よりも北側の土地に暮らしていた。そのあたりは東洋との奴隷貿易が盛んだったと思われる地域だ。しかしながら、弥助がディンカ族ではないことを示す点がひとつある。彼らは大人になると顔に目立つ線の模様をいれるが、弥助の顔にそうした模様があったという記録はない。日本の伝記著者たちは弥助がハンサムだとか、礼儀作法がよいと指摘しているので、もし弥助の顔に模様が刻まれていれば、それを記録したことだろう。ただし、彼が大人になるまえに奴隷にされていれば、部族の成人の儀式を受けるタイミングを逸したことも考えられる。そういうわけで、弥助の体の大きさと墨のように黒い肌から、彼がディンカ族だった可能性は残る。

北東アフリカ周辺では当時、イスラム教に改宗した者やアラブ人やトルコ人の傭兵が、キリスト教支配地域の奥深くまで侵攻していた。その結果、多くのアビシニア人が戦争犠牲者となり、インド洋で売られた。キリスト教徒であるアビシニア人も領土拡大にきわめて熱心で、他勢力の領土奪取に余念がなかった。[75] アビシニアの外国人混成部隊に参加したポルトガル人傭兵は、アビシニア王朝に砲術の技術を売り込んで厚遇されたが、その厚意に甘えすぎたせいで紛争が多発する国境地帯に追放され、そこで緩衝勢力となった。[76]コンゴ王国と同様にエチオピアでも、中東、インド、ヨーロッパでの奴隷需要の増大や、地元領主の強欲と宗教教義のために悪循環が起こっていた。アフリカの角周辺からの強制移住者は膨大な数にのぼり、有史以来、推定千百万〜千四百万人の北東アフリカ人が売買された。[77]その数とくらべると、モザンビークでの交易数が霞《かす》んで見えるほどだ。エチオピアの奴隷売買は今日に至るまで完全には中止されていない。数はずっと少ないとはいえ取引は依然として存在し、国内や世界の他地域との売買の証拠がある。[78]

奴隷が強制連行されたルートはさまざまだが、まずはゼイラ港（現在のソマリア）に送られることが多かった。売人たちは、奴隷を捕獲したのと同一人物であれ、別人であれ、ゼイラ港で奴隷を塩や布や鉄の延べ棒と交換した。[79]奴隷を乗せた比較的小型のアラブ船はゼイラ港を出航し、北方面（紅海、メッカ、エジプト、ヨーロッパ）または東方面（インド）へ向かいながら、途中でモカ、バスラ、ムスカットといったアラブやペルシャの港に寄港して交易や奴隷売買を行なった。奴隷たちはその途上で長期間労働をさせられたり、現金や交易品と引き換えに何度か売られたりしたようだ。雇い主の中には、次の売買でより高い利益を得るために奴隷に投資して教育や訓練を施す者もいた。[80]また、直接北インドまで連行され、ディウの奴隷市場で売買されたあと、さらに南方や東方に運ばれて再び売買される奴隷もいたようだ。どのようなルートであれ、ポルトガル商人に売買された場合のモザンビークからインドへの輸送ルートよりもずっと航海期間は長かっただろう。

インド人は北東アフリカの奴隷を〝ハブシ〟と呼んだ。北東アフリカの主要国家であるアビシニアを表す語である。ハブシは実にさまざまな仕事をこなしたが、特にその技能を評価されることが多かった。ハブシの女性はハーレムや家庭内奴隷として人気があり、絶世の美女と考えられていた。[81] 一方、男性は獰猛さや戦闘技術、名高い忠誠心、ユーモアや知性により特に軍事奴隷としての評価が高く、[82] 弥助の時代の何世紀も前から、インド軍兵士の大多数を占めていた。(4) また、主人がハブシに若いころから訓練を受けさせ、食事を与えて支援する関係が一般的で、そのため兄弟や親子に似た新しい絆が形成された。新たな母国でなんの絆も持たないハブシは、主人に逆らったり主人を裏切ったりすることも少なかった。

ハブシの評判はアジア全域に知れわたっていた。遠く離れた現在のタイには、一五四八年に書かれたアビシニア人軍事奴隷や傭兵の記録があり、[83] 中国南部の貿易港、とくに広州にも同様の記録が残されている。[84] 十四世紀には、著名なタンジェ出身の探検家、イブン・バットゥータが「インド洋の海賊はアビシニア人の兵や船乗りが乗る船を避けた」と書き記している。そうした評判が、当時横行していた海賊に対する海上保険のような役割を果たしたようだ。[85] ポルトガル航海士、ジョアン・デ・カストロも、「インドには〝良き兵士はハブシ、良き召使もハブシ〟という諺《ことわざ》がある」と記した。さらにカストロは、ハブシは「高く評価され（中略）軍の司令官や上層部はハブシから選ばれた」と綴っている。[86]

アビシニア人軍事奴隷は、インドの州軍で大規模な騎馬隊を組織することが多かった。王族や裕福な人々の護衛や用心棒に抜擢されたり、選りすぐりの少年たちが去勢され権力者のハーレムの護衛を務めたりすることもあった。[87]ハブシがかなりの財産を持ち、奴隷を持つこともあった。また、主人の生前に奴隷の身分から解放されていない場合は、慣習により主人の死を機に自由の身となった。[88]その後、多くのハブシは傭兵として自分を売り込み、アビシニア人将校が率いる自由民の軍隊に加わった。[89]

アビシニア人奴隷は敬意を払われており、新たな土地で驚くほど出世する者も少なくなかった。アフリカ系高官がいるインドの州では（ただし、ポルトガルが統治する州はのぞく）そうした例には事欠かなかった。愛人となった女性が妃や王侯の未亡人として権力を握って国政を支配したり、我が子や被後見人の代理で陰謀を企てたりすることもあった。[90]アビシニア人奴隷

（4）エチオピア人は戦闘技術と武勇の誉れが高く、その評価は二十世紀まで続いた。十九世紀後半にはイタリア軍の侵攻を撃退し、エチオピア軍は近代において白人軍を倒した最初の非白人軍となった。

兵は戦場での武勇だけでなく、巧妙な政治的駆け引きにも優れ、統治者の代理で外交などの対応の難しい任務をこなして報酬を得ることもあった。また、アフリカ人の中には、みずから実権を握る者や代理人を通じて統治を行なう者もいて、最終的には自分たち奴隷の購入者と敵対し、同胞を昇進させることもあった。こうした環境が、マリク・アンバルのような人物を生み出したのである。マリク・アンバルは、アラブ諸国で売買されたアビシニア人軍事奴隷で、やがてみずから傭兵部隊を率いて戦い、中央インドのアフマドナガル王国の名宰相となった。アフマドナガル王国の復興と拡大に尽力し、ムガル帝国の強大な軍勢を追いつめたことで知られている。[91] 彼は自分の子と孫が王国の最高官職を継げるように取り計らった。また、国に対する厚い忠誠心と巨額の土木事業推進により国民から愛された。アンバルのほかにも、インド亜大陸のさまざまな地域で一時期統治を行なったハブシたちがいた。ときには息の長い王朝を築くこともあり、たとえばムンバイ近くのジャンジラ島の王朝は二百年続いた。[92]

一五七〇年代初めに、ムガル帝国の偉大なるアクバル皇帝は、インド北部のほとんどを鎮圧し、グジャラートを征服した。それに乗じて多数のアフリカ人傭兵や奴隷兵が敗戦国から逃亡したという。[93] おそらく主人が殺害されたか投獄されたかして自由を手に入れたのだろう。彼らは新しい雇用主を見つけ、その多くはアンバルの軍勢に加わった。[94] ポルトガル軍に加わった者もいただろう。これまで見てきたように、ポルトガル軍は常時人材不足で、現地民との小競《こぜ》り

マリク・アンバル。インドのデカン地方にあるアフマドナガル王国の宰相にまで登りつめたもっとも著名なハブシ。肖像画の右側にサインがあり、〝ハシム〟という名の画家の作品と思われる

合いに対処できる兵を必要としていたからだ。実際、当時のポルトガル領でアビシニア人が働いていた記録が残っている。六百人がディウの砦でポルトガル防衛軍兵士となり、ほかの多くは奴隷や契約労働者として船乗りとなった。[95] 船乗りはポルトガル船の行くところならどこへでも旅をして、遠く日本にまで行った者もいた。[96] つまり、第四章の絵画に描かれた黒人たちの中にはアビシニア人もいて、彼らの中には奴隷ではなく自由な身分の者もいたということだ。

弥助がハブシの兵士だった可能性は熟考に値する。これまでのところ彼の出生地の最有力候補だ。ハブシはポル

トガル語で〝Cafre（カフル）〟と呼ばれていたが、ルイス・フロイスの書簡で弥助もそう呼ばれている。ハブシは攻撃的で高い技能訓練を受けた戦士だが、弥助も同じ素質を備えている。ハブシは忠義に厚いと考えられているが、弥助も同様だ。[97]当時、エチオピアやモザンビークの戦争の爪痕が残る田舎で育った人々は、飢えに苦しみ、おそらく発育を阻害されていたというのに、弥助は健康で、体が巨人のように大きかった。一方、ハブシの軍事奴隷は、戦争で戦えるようにきちんと食事を与えられ世話をされていた。さらに、インドの金持ちや権力者の武器持ちや護衛を務めることが慣例となっており、若いころからそのための訓練をじっくり施され養育された。[98]そのため、威厳のある正式な儀式などに駆り出されることも多く、また主人の評価と直結するため、知性や礼儀作法を備えていると考えられていた。ハブシたちは、捕まったばかりで新たな過酷な運命にまだ動揺している粗野な大人の捕虜とは一線を画していた。ヴァリニャーノと信長のもとでの弥助の役目から考えると、弥助がハブシだったという仮説は今のところもっとも有望である。しかしながら、確実な証拠はないため、百パーセントの確証を得ることは不可能であり、弥助の出生地がモザンビークである可能性も除外はできない。

おそらく弥助は、個別採用の自由民か、傭兵部隊または地元の仲介業者から特別軍事要員として斡旋された奴隷か契約労働者であり、ポルトガル駐屯地司令官から配置換えを命じられてヴァリニャーノに仕えたのではないだろうか。彼はポルトガル軍に入隊したハブシの先人と同じように、攻撃力と主人を守る防衛力を強化しつつ、誇り高き威厳を維持したのだろう。

エチオピアでの布教活動

エチオピアからのルートにはもうひとつ別の可能性もある。十五世紀半ばから、ポルトガルはイスラム教徒のトルコ（オスマン帝国）人やアラブ人と対抗するために、ヨーロッパ以外のキリスト教同盟国の存在を探していた。[99] 中世の伝説に〝アジアまたはアフリカ地域のどこかにプレスター・ジョン国王が治めるキリスト教国が存在する〟という逸話があり、その伝説も同盟国の捜索を後押ししたようだ。ポルトガルはプレスター・ジョンの国を発見し、伝説が真実だと証明するため、数々の探検隊を送り出している。[100] また、アビシニア大使がローマを訪問したこと、アビシニア人司祭が巡礼中のヨーロッパ人司祭と面会したことにより、この遠い異国がかの伝説のピーター・ジョンの国だという説が真実味を帯びた。

キリスト教徒として初めてアビシニアの地を踏んだわけではないものの、イエズス会は一五五六年に熱心な布教団をアビシニアに向けて送り出している。その布教団は出航から一年後に、ゴア経由で現地に到着した。最初の布教活動は現地の宗教や習慣を無神経に批判したために失敗に終わったが、ポルトガル人傭兵をこの地域に惹きつけることには成功した。布教団は国境地帯に追放されたあと、気分を害したアビシニア人とイスラム教徒の敵によって外界から隔てられた。少数の宣教師たちは、生き残ったポルトガル人傭兵の入植者とその現地民の家族に対して聖職者としての務めを果たした。一五九六年に最後の宣教師が死ぬまでそれは続けられた。[101]

　しかしながら、数々の困難にもかかわらず、宣教師たちは一五七〇年代までゴアのポルトガル人と定期的に連絡を取っていた。[102]たとえばイエズス会の設立者であるロヨラ司祭は、アビシニア人の若者を外国で教育を受けさせるよう個人的に指示を与えていた。[103]そうとするなら弥助がイエズス会によって国外に出されたか、現地で使者の仕事をしていて、その後ヴァリニャーノと合流した可能性もある。なにしろヴァリニャーノは、遥か遠くのアジア地域の布教だけでなく、アフリカの布教活動の巡察師でもあったのだから。ヴァリニャーノは弥助にアビシニア人特有の能力を見出して起用を決め、現地の布教活動が途絶えるまえに東洋へ連れ出したのかもしれない。また、ポルトガル人傭兵の入植者たちは現地のアビシニア人女性と結婚し、多くの混血の子供たちが生まれた。そうした二世の若者の中に、父親の宗教と放浪癖を受け継いで、こっそりゴアに渡った者がいたのかもしれない。(5)

　これは弥助の出生地として魅力的な仮説ではあるが、残念ながら可能性はきわめて低そうだ。もしこれが事実であれば、アビシニアのイエズス会について、あるいは少なくとも半分以上忘れ去られた布教所からの使者についての記録がきっと残されているだろう。さらに、弥助はまちがいなく名前で呼ばれ、フロイスの書簡でももっと敬意が払われていたはずだ。たとえば、日本人のイエズス会士には概してヨーロッパ人と同程度の敬意が払われ、名前が記載されているように。[104]さらに、アビシニア人のイエズス会士が従者の役目に就くとも思えず、弥助が確かに持っていた軍事的技能を持っていたとも考えにくい。

弥助の名前の由来

弥助の出自についての確固たる証拠のひとつは、彼の名前である。〝弥助〟というのは外国の名前に漢字をあてたものであることはほぼまちがいない。もしその外国人名を特定できれば、弥助の出生地を絞り込めるかもしれない。奴隷も自由民も、一般的に主人から与えられたポルトガル名で呼ばれた。つまり、どんな結論になっても、弥助の本来の名前が別にあるかもしれないということは忘れてはならない。もちろん、弥助がポルトガル名ではなく本名を信長に伝えた可能性もあるが、いずれにせよ真実は不明だ。ただし、外交上の儀礼として、弥助を信長

（5）エチオピアでの布教活動は、一六〇三年に本格的に再開され、大成功を収めた。しかし、再び現地の文化や支配者層を脅かすようになり、一六三四年についに布教団は国外追放された。

との面会に連れていったイエズス会宣教師のオルガンティーノがまずは弥助を紹介したと思われる。オルガンティーノは当然、彼をポルトガル名で呼んだだろう。この考察の結果は百パーセント確かだというわけではなく、議論の余地のあるものだということを最初にお断りしておきたい。

世界中の奴隷貿易の詳細や記録を入手することは難しい。とはいえ、有史以来ほぼずっと、多かれ少なかれ、事実上アフリカのすべての沿岸地域で奴隷貿易が行われていたことはわかっている。奴隷商人は必ずしも記録は残しておらず、残していたとしてもその多くは失われた。したがって、この記録は弥助の捜索には役に立たない。しかし、驚くほど奴隷貿易の記録がきちんと残され調査されている地域がある。大西洋を挟んでの貿易、とりわけ北米との貿易だ。研究者たちは〈アフリカ人の起源[105]〉というウェブサイトを立ち上げ、十九世紀にアフリカから新世界へ輸送され、奴隷反対運動によって解放された約十万人のデータベースを作った。当然、十六世紀の名前は含まれていないが、コンゴやモザンビーク地域のデータベース上に似た名前がないか調べてみた。アフリカの西海岸には類似する名前は存在しなかった。モザンビークにも完全に一致する名前はなかったが、奴隷船〈インコンプレヘンシヴォル〉号に乗船し、一八三七年に英国船によって解放された九歳の少年の名前が〝Isekah（イセカ）〟といい、多少似ていた。おそらくは聖書から引用したユダヤ名、〝Isaac（イサク）〟［旧約聖書に登場するイスラエルの民の祖、アブラハムの息子の名。ユダヤ教、キリスト教、イスラム教圏では聖書にちなんだ命名が一般的〕の現地訛りだろうか。それ以外には、ヤスケの異なる綴りや類似した名前を検索したがヒットしなかった。

イサクという名前をさらに調べてみると、ユダヤ名イサクに対応するエチオピアのキリスト教名が〝Yisake（イサケ）〟だとわかった。イサクのポルトガル名は〝Isaque〟と綴り、〝イサーキ〟のように発音する。どちらもヤスケの綴りによく似ている。それ以外は、普通のポルトガル名にも聖書名にもヤスケに近い名前は見当たらなかった。弥助がどこかの時点でアラブ系イスラム教徒の名前を得ていたとすると、イサクのアラビア名は〝Ishaq〟と綴り、発音は〝イシャク〟となる。イサクの三つの変化形、〝Yisake（イサケ）〟〝Isaque（イシャク）〟〝Isaque（イサーキ）〟は、少なくとも綴りに関しては、どれも日本語でヤスケと訳されてもおかしくなさそうだ。もっとも発音に関しては、ヤスケという名前はエチオピア名ともアラビア名とも、そして音写の基となった可能性が高いポルトガル名とも合致してはいない。もしイサケ、またはその変化形が弥助の生来の名前だとすると、彼がオロモ人だった可能性は低くなる。オロモ人は今も昔もイスラム教やキリスト教のような一神教に関連した名前をほとんどつけないからだ。[106]弥助はアビシニア人キリスト教徒か、紅海西岸に国境を接するイスラム教国の出身だった可能性が高い。

〈世界ふしぎ発見！〉では、弥助の本名について、マクア人に一般的な男性名〝Yasufe（ヤスフェ）〟ではないかという仮説を立てていた。インターネット検索では、モザンビークの人名にヤスフェという名前は見つからなかったものの、在日モザンビーク共和国大使館から、より一般的な現地名〝Issufo（イスフ）〟の変化形なのではないかというきわめて有益な助言を得た。この名も、命名者がほかにいい案を思いつかなければ、アラビア語やポルトガル語では〝Isaque（イシャク）〟や〝Isaque（イサーキ）〟と訳されたかもしれない。ついでながら、ヤスフェという名はエチオピア人の苗字だということだ。エチオピアの可能性については第七章でまとめて述べよう。

最後に、モザンビーク地域にはもうひとつ興味深い可能性がある。内陸部のヤオという部族がちょうど弥助の時代あたりから沿岸部との交易を始めているのだ。ただし、弥助がヤオ族だと仮定すると、タイミング的に、彼はポルトガル人と交易をした最初のヤオ族のひとりということになる。[107] ヤオ族はもともとモザンビーク北部に住んでいたが、十八世紀に移住して、現在はアフリカ東南部のマラウイ湖南側にも暮らしている。[108] ヤオ族はポルトガル軍による制圧に抵抗し、弥助の時代には外部の宗教の影響をほとんど受けていなかった。[109]

ヤオ族社会は象牙の――さらに、数は少ないが鉄と奴隷の――交易が盛んなことが大きな特徴だ。[110] 彼らはおもに交易の仲介を行なった。奥地の人々から商品を仕入れ、毎年、荷物運搬人と戦士からなる千人規模の隊商を組み、沿岸部までの長い旅に出た。[111] 世界の大部分の人々が生まれた村から数キロ以上離れることのなかった時代に、この独特の長い旅を決行したヤオ族は勇敢で強靭でタフな部族と見なされた。一年の大半を男たちが家を空けるため、ヤオ族の女性たちは、アフリカでは通例男性の仕事である農作業も含め、家庭内で大きな役割を果たした。[112]また、在日モザンビーク大使館によれば、アラブ人やインド人との交易を通じて部族と外部の血が混ざりあったためなのか、かつて北部の男性は標準とくらべてかなり背が高いと評判だったという。

信長が弥助と出会ったときに出身地を尋ね、単に彼を〝ヤオ〟と呼び、あとから日本の男性名の一般的な接尾語である〝スケ〟が付いたというケースも考えられる。ヤスケという名が日本でありふれた名前でも伝統的な名前でもないことを考慮すると、信長が〝ヤオ〟をヒントに名前を考え、〝ヤオースケ〟に音の似た漢字をあてて、弥助と名付けた可能性もある。

もし弥助がモザンビーク出身だったなら、その他多くのモザンビーク在住の部族または商売や戦争のためにモザンビークを渡り歩いた部族よりも、ヤオ族である可能性のほうが高そうだ。ただし、奴隷商人であるヤオ族の男性が、なぜ奴隷になったのかという疑問は残る。飢饉のため家族が困窮したり、なにか罪を犯したりしたために売られたのかもしれない。[113]実際、弥助の時代にも数回飢饉があった。[114]ただし、そういった場合には部族の存続に貢献できる体力のある若者ではなく、生産能力がなく、まだ〝投資〟していない幼い子供を売るのが通例だった（ヴアリニャーノがモザンビークを訪れ、ヤオ族がポルトガル人と交易を始めた一五七〇年代初めには弥助は十八、九歳だったと思われる)。また奴隷商人にも十代前半までの子供のほうが好まれた。弥助の体格の良さが奴隷としての価値を高め、雇用につながったのかもしれない。

弥助という名前を基に考察した結果、コンゴとヨーロッパは(すでに可能性は低かったが)弥助の出生地の候補から除外できそうだ。名前という証拠からは、〝Yasufe(ヤスフェ)〟または〝Yisake(イサケ)〟という名のエチオピア人だった可能性が強まった。一方、弥助がモザンビーク出身で、背の高さと強靭さで名高いヤオ族の一員だった可能性も残されている。さらに、もし弥助がヨーロッパ人にポルトガル名で呼ばれていたとしたら(その可能性は非常に高いのだが)、弥助の名は〝イサーキ(エチオピア名では〝イサケ〟、アラビア名では〝イシャク〟)〟に由来するのかもしれない。弥助という名は、この黒人侍の出生地がエチオピアで、彼の本当の名が〝イサク〟の変化形のひとつであることを強く示唆している。

弥助の出生地の証拠を検証した結果、彼がイタリア、ポルトガル、コンゴからヴァリニャーノと同行していた可能性は低いとわかった。また、私たちの知るかぎり東洋には弥助のような黒人はほとんどいなかったようだ。この仮説を否定する証拠はない。

現在のモザンビークが弥助の出生地である可能性はありえる。ヴァリニャーノが寄港した時期にはちょうど紛争があり、捕虜となった兵士もいた。一方、ポルトガルは当時小規模な奴隷貿易を行なっていて、弥助という日本名は、彼の出身部族の名前〝ヤオ〟と日本人の男性名の接尾語〝スケ〟を組み合わせたものかもしれない。またヤオ族には、記録に残された弥助の特徴――腕力、武器を扱う技能、長距離の旅の習慣――と一致する部分があったようだ。ヴァリニャーノにとって、モザンビークまたはインド滞在中に、モザンビーク出身の奴隷または従者を雇うことは難しくなかっただろう。

しかし、現代に伝わる弥助の人物像と当時の状況にもっとも合致するのは、弥助がエチオピアやディンカ族の居住地のようなその周辺地で生まれ、子供の頃からインド軍または傭兵隊のキャンプで軍事奴隷として養育され、訓練を受けていたという仮説だ。インドで雇用可能なアビシニア人の数は、ほかの地域出身のアフリカ人にくらべてはるかに多く、さらにアビシニア人はヴァリニャーノが求める技能と評判を兼ね備えていた。その当時、相当な数のアビシニア人が職を求めていたことだろう。また彼らは地理的にもイエズス会布教所の近くにいて、雇用実績も多くあった。また弥助の体格と健康状態の良さを考えると、危険が多く飢饉に苦しめられたかもしれないモザンビークの田舎で育ったというより、貴重な軍事奴隷としてきちんと食事を与えられ特別な養育を受けてきたと考えるほうが自然だ。

さらに、ヴァリニャーノはまちがいなくキリスト教徒を雇いたいと考えたことだろう。少なくとも、キリスト教徒として生まれ、奴隷になったばかりの時期にイスラム教に改宗したとしても、カトリックへの再改宗に素直に応じる者を望んだはずだ。また、ヴァリニャーノの威厳を高めることができ、どんな困難な状況でも絶対服従の忠誠を誓える者が必要だった。ハブシ（エチオピア人）はそうした特性で名声を得ていた。弥助の果たした役目を任せるには、奴隷になったばかりの者や、しかるべき養育を施され奴隷という境遇を受け入れていない者では信頼できなかったことだろう。

弥助の出自がどうであれ、彼はほぼまちがいなく、一五七七年にヴァリニャーノに随行し、ゴアから極東へ向かって出航した。当時の彼には知る由もないことだが、そのとき弥助は夢にも思わぬ運命へと向かって進んでいたのだ。

第六章 信長の死後の弥助

京都の教会堂に戻ったあと、弥助の身に何が起こったのかは知られていない。名前で調べても、信長やヴァリニャーノの関連史料にも、弥助の身元を確認できる目撃談はない。推測では、弥助は二条御所の戦で生き残り、その負傷が原因で死ぬこともなかった。というのも、ルイス・フロイスが弥助に言及した書簡の日付は本能寺の変の数カ月後だが、その時点でフロイスは弥助が死んだとは記しておらず、むしろ彼を救ってくれたことを神に感謝しているからだ。そこでこの章では、弥助に似た人物の目撃談を検証し、それが弥助でありうるかどうかを探りつつ、彼の人生がたどったかもしれない別の道筋についても考えてみよう。

日本の黒人に関する文献

日本語であれヨーロッパの言語で書かれたものであれ、特定の黒人に言及した当時の日本に関する史料はほとんどない。その数少ない史料の大半は弥助に関するもので、つまり、私たちがすでに検証した史料ということだ。その他の史料は、概して楽師や召使の奴隷について言及したもので、体格や軍事的技能を買われて雇用された弥助には当てはまらないと思われる。また、そうした史料の多くは十七世紀初めのもので、その頃には弥助はかなり年を取っていたことだろう。

私が〝弥助である可能性が多少なりともある〟と判断した史料は三点ある。一点目は、イエズス会士ピント・ダ・ロシャによる、秀吉に謁見した黒人護衛団に関する記述である[1]。イエズス会は再度黒人の従者を使って天下人の機嫌を取ろうとしたようである。赤い服を着て金色の槍を携えた黒人たちが秀吉や家臣たちの前で踊りを披露したと報告されている。列席した者たちの心には、かつて衆目を集めたある黒人の記憶がよぎったことだろう。この黒人の従者たちには褒美として白い帷子が贈られたが、彼らは本来の目的を忘れて礼儀作法に反する行ないをしたようだ。日本では贈り物は額の高さまで掲げてお辞儀をし、感謝と敬意を表するものだが、この男たちは帷子を頭上に掲げるのではなく、ターバンのように頭に巻いたのだという。それを見た列席者は、さぞ面白がったことだろう[2]。

弥助がこの中にいたとは考えられない。信長の家来として一年を過ごした彼は、こうした場での適切な振る舞いを熟知していたはずだ。秀吉も弥助のことを覚えていたか、少なくとも、弥助が信長の家来だったことは承知していただろう。おそらく安土では何度か顔を合わせていたにちがいなく、きっとその話題も出たはずだ。ともあれ、この史料から――第四章で見た絵画でもわかるとおり――ヨーロッパ人に雇われた黒人護衛を日本で見かけることが異例ではなかったことがわかる。弥助が織田家を去った後にこの種の護衛団に加わった可能性はある。もしそうだとすれば、日本の畿内や東国に黒人がほとんどいなかったことを考えると、主人に随行して九州地方に戻ることになっただろう。こうした護衛団を雇っていたのは、ポルトガル人商人と思われる。彼らには大勢の奴隷の従者を雇う金銭的な余裕があり、貴重な商品を守るためにも、また自分たちの威厳と高いプライドを維持するためにも、奴隷が必要だったからだ。一方、宣教師は質素であるべきとされ世俗的な富は避けていたので、大人数の従者を雇うことはなかった[3]。

弥助の可能性がある二点目の史料は、一五八四（天正十二）年にフロイスがインドのマラバル出身の黒人について言及した書簡である。その人物は、長崎周辺の戦でキリシタン大名、有馬晴信の本陣に〝たまたま居合わせ〟、誰も使い方がわからない大砲二門の操作を手伝ったのだという。[4] この黒人が主導権を握り、大砲の基礎知識がある地元のキリシタン、マルチニヨの手を借りて発砲したとフロイスは記している。この人物は明らかに軍事知識を持ち、有馬氏が高度な軍事専門職として雇った傭兵だった可能性がある。フロイスが日本にはこの種類の大砲を操作できる者はほとんどいなかったとはっきり書いていることから、要するに外国人の助っ人を雇う必要があったのだと思われる。当時の日本には、海賊、盗賊、忍者などをのぞいて、[5] 傭兵を雇う慣習はほとんどなかったが、軍事技能目的で雇われる外国人は次第に増えていった。[6]

弥助にどの程度の砲術技術があったのかは定かではない。また、信長は大砲の使用が一般的になるまえに死亡した。信長は何事につけても先駆者だったが、そんな彼でもまだ大砲の大規模な使用は行なっていなかったのだ。[7] 弥助に大砲の操作ができたと断言はできない。日本に至る航海の途中に船やポルトガル領の砦で多くの大砲を目撃していたことはまちがいないが、実際に発射方法を教わったかどうかまではわからない。有馬陣営にいた黒人はマラバル出身だと書かれているので、おそらく来日前にインドで砲術の訓練を受けたのだろう。もちろん、弥助も同様の経歴を持っており、砲術に詳しくてもおかしくはない。しかし、もしこの黒人が弥助ならば、フロイスは信長とヴァリニャーノに仕えた前歴について言及したことだろう。しかし、フロイスが黒人については一貫して名前を記載しなかった点を考慮すると、言及の必要がないと判断した可能性もおおいにある。また、弥助のイエズス会内での名声を考えると可能性は低いとはいえ、フロイスはこの出来事を人づてに聞いただけで、その黒人が弥助だと気づいていなかったのかもしれない。この最小限の報告から最終判断をくだすのは難しいが、この黒人は弥助とは別人だと思われる。

後年、イギリス人貿易商のリチャード・コックスが、晴信の死後に有馬氏が雇った黒人について、少なくとも一度言及した記録がある[8]。有馬家や島原地方にはそういう慣例があったということだろう。その点については、有馬氏の領土が日本の最西端に位置する地理的状況と、有馬晴信が宗教を通じてヨーロッパ人と近しい関係にあったことを考えれば驚くにはあたらない。彼は弥助のような助っ人を使って有利な立場を築いていたのだろう。また、晴信はアジア・ヨーロッパとの交易にも深く関わっており、一時期、日本に進出したヨーロッパ諸国との交渉を有馬氏が担当していたこともあるようだ[9]。さらに後年、晴信は秀吉や家康の命を受け、朝鮮半島や台湾に対する軍事外交にも従事した[10]。しかしながら、一五八四（天正十二）年の時点では、晴信はまだ若く展望の拓けない小大名にすぎず、近隣の強力な大名から領地を守るべく必死に戦っている最中だった。しかし、外交への関心はすでに高く、それは一五七九（天正七）年にヴァリニャーノから洗礼を受けたことにも表れている（その洗礼式には弥助もおそらく同席したことだろう）。さらにヴァリニャーノが企画した一五八二（天正十）年の天正遣欧少年使節（一五三ページ）に関わることで、彼の野心はさらに強まった。また、ポルトガル人が雇用する外国人傭兵を見て、異国の威光にあやかるだけでなく、そのコネクションを活用する利点に気づいたのではないだろうか。

最後の三点目の黒人の目撃談は、秀吉の朝鮮出兵後に因幡《いなば》国（現在の鳥取県東部）にいた身長二百十センチの巨大な黒人である。[11] この男は〝クロンボ〟と呼ばれていた。〝クロンボ〟とは〝黒い坊主（男の子）〟という言葉が基になっており、また当時の日本では〝クロ〟という国［十七世紀にはスリランカの都市コロンボが、クロンボまたはクロと呼ばれていた］から来た人という意味もあったようだ。[12] この人物は朝鮮で発見されて日本に連行されたようだが、その発見時の詳しい状況は記録されていない。因幡国にいたということは、その黒人は朝鮮征伐で顕著な働きを見せた鹿野藩主、亀井茲矩《かめいこれのり》に連れられて来日した可能性が高い。茲矩は秀吉の家臣で、信長の晩年に戦功を挙げ、鹿野の小国を与えられた人物だ。[13]

亀井茲矩は領国と周辺地域の経済開発に尽力し、農地の干拓や交易用の海運施設の設立、その他の改革を実行した。アユタヤや中国との交易にも積極的で、現在の鳥取市賀露《かろ》町に大規模な港湾施設の建設も行なった。[14] また秀吉の命により近隣国の銀山開発にも従事した。[15] こうした事業の達成には外国人の助言が寄与したと思われる。日本人は中国との交流を通じて高度な産業技術を持ち、ヨーロッパの多くの地域よりも進歩的だったが、採鉱、兵器、造船といった分野で新たな技術を貪欲に吸収しようとしていた。十七世紀初めには、家康の命で、採鉱技術を獲得するためメキシコへの使者も派遣されている。[16]

しかし、弥助が茲矩にとって有益な知識を持っていた可能性は低い。この黒人が兵士だったのかどうか、またその他の詳細についての記述は残されていない。もし弥助なら、再び護衛などの軍事的な役目で茲矩に仕え、朝鮮出兵を経て、茲矩とともに鹿野に帰国したと思われる。とはいえ、十六世紀末期の軍事的・政治的中心から遠く離れた僻地にある平和な領国では、弥助が役立つ要素はほとんどなく、お飾りにしかならなかっただろう。安土とは異なり、鹿野には拝謁者もほとんどなく、外国の使節が訪れることもない。また戦続きのこの時代には、領主の茲矩自身も鹿野で過ごす期間はほとんどなかったと思われる。だから、もし弥助だったなら、一五八二（天正十）年から一五九八（慶長三）年までに何かしら記録が残されていたはずだ。そうした記録がないということは、この黒人は、朝鮮半島で働いていたか路頭に迷っていた別人だったのだろう。

上記の三点の史料には〝信長に仕えた黒人〟という記述はない。弥助が史料に再び登場するときには、かならずその旨も併記されていたはずだ。ということは、この黒人たちは弥助ではなかったということである。

奴隷だった可能性

弥助が個人の所有物だったのか、推測通りアレッサンドロ・ヴァリニャーノに雇われた契約労働者だったのかはわからない。また、彼が奴隷の身分から解放されたのかどうか、あるいは信長に献上される際に労働契約を解除されたのかどうかも不明だ。[1]これはきわめて重要な問題である。もし弥助がヴァリニャーノのもとに戻るべき立場にあったのなら、ずいぶん長い旅をしたことになるからだ。

一五八二年二月二十日（天正十年一月二十八日）、ヴァリニャーノは九州地方の四人のキリシタン大名がローマ教皇のもとに派遣した使節団とともに、一回目の日本出国をした。当初はローマまで付き添う予定だったが、十一月二十八日にゴアに到着したときに、ヴァリニャーノは昇進を知らされ、インド管区長に就任した。[17]イエズス会からの新たな指示により、ヴァリニャーノはインドに残り、巡察師としての仕事を続行することになった。その後数年はインド亜大陸のイエズス会布教拠点にとどまり、約十年間は日本に戻ることはなかった。[18]しかし、その連絡が船便で届くには時間がかかるため、日本では弥助を含めた誰もがヴァリニャーノはてっきりヨーロッパに戻ったと思っていた。少なくとも、信長の死後一年以上は、彼がインドに残ったことを知らなかっただろう。時間差でヴァリニャーノのインド滞在を知った弥助が、彼の従者に戻るために単身日本を出たというのは考えにくい。その場合は、船乗りや護衛の職務につきながらインドに向かったことだろう。いずれにせよ、ヴァリニャーノが再来日したときに、あるいは別の場所を訪れたときに、弥助を伴っていたという記録はないが、ヴァリニャーノは一貫して弥助についての記録を残さなかったことを思えば、驚くには当たらない。おそらく、弥助がヴァリニャーノの従者に戻ることはなかっただろうと思われる。弥助が信長の家来をやめた場合の指示は残したかもしれないが、その場合でも、個人の従者ではなく、イエズス会とカトリック教会に仕えるように命じたと考えるのが自然だ。

したがって、弥助は日本のイエズス会に戻ったか、ほかの宣教師や布教団に随行してアジアに寄港しながら、マカオかゴアへ戻ったのではないだろうか。これまで見てきたように、日本ではイエズス会は通例アフリカ人奴隷を使うことはなかった。しかし、ヴァリニャーノが弥助を必要としたように、危険で不安定な世界では不届き者を威嚇しつつ宣教師を警護する存在を必要としたことだろう。長い航海には海賊に出くわす危険がつきもので、東洋にヨーロッパ人が築いた都市も安全とは言い切れなかった。遠い東洋までやってきた入植者には、元犯罪者や迫害を逃れてきた者が多かった。彼らの多くは、マカオなどの交易所の収益をつぎ込んで布教

（1）ポルトガルの法律では、いったん奴隷から解放されると、その自由は世界中で保障された。

活動に熱心に取り組むイエズス会の活動に明確に異を唱えており、目的達成のためなら暴力も辞さなかった[19]。

ヴァリニャーノが信長に贈った〝献上品〟の法的な身分や労働条件は不明であり、弥助が自分の将来に関して発言権があったのかどうかも判断が難しい。もし彼がポルトガルの法律のもとではまだ奴隷の身分だったなら、イエズス会に仕えることが唯一の道だっただろう。信長の死の影響は、秀吉が〝誰もが認める信長の後継者〟という地位を確実にするまで数年間つづいた。元織田家の家来として（彼個人に対しても）敵意を向けられかねない国に取り残されても、少なくともイエズス会は彼の身の安全を確保してくれたはずだ。

しかし、弥助は自発的にイエズス会のもとに戻ったわけではないという事実を忘れてはならない。彼は本能寺の変の際に京都の教会堂（南蛮寺）のすぐ近くにいて、逃げようと思えば簡単に逃げられたにもかかわらず、そうはしなかった。安全で容易な逃げ道ではなく、信長の嫡男が死を覚悟して挑んだ無益な抵抗に加勢することを選んだのちに、やむなく敵兵に教会堂へ送り届けられたのである。もちろん、これはイエズス会での日々の全否定ではなく、敬意を払って己を厚遇してくれた主君への忠誠心による行動だろうが、同時に、織田氏側に残ることを彼が個人的に選んだことを示唆している。信長の最後の命令を果たす前の彼には、ほかの選択肢は頭に浮かばなかったのかもしれない。

解放奴隷だった可能性

弥助が信長の家来になる以前に、ヴァリニャーノによって奴隷の身分から解放されていた可能性は充分にある。その場合、弥助にはイエズス会から離れたり、物質的利益を得るために労働に従事する自由があったことになる。彼は信長に取り立てられたあと、かなり裕福になっていたはずである。彼の財産には、信長から与えられた金銭や武器、衣装などがあった。弥助は城内で主君のそばに控え、その権威にふさわしい身なりをする必要があったわけで、その衣装はまちがいなく高品質なものだっただろう。扶持のほかに、信長から下賜された品々もあったはずだ。信長は気前のいい主君として有名であり、そうした贈り物を受け取ったことは充分にありえることだ[20]。

明智光秀の謀反軍は、信長の死後まもなく安土城の大部分を焼失させ、あるいは少なくとも焼失にいたらせ(2)、その結果、数多くの貴重な宝物が煙と化した。混乱の中では防衛軍もまともに組織されず、住民のほとんどは逃亡した。弥助が携行していた品物以外の財産を安土城から

(2) 誰が安土城に放火したのかは不明である。混乱時に偶発的理由で焼失した可能性もある。

救出できたかどうかは疑わしい。私宅が安土城内のどのあたりにあり、そこが敵や野盗に狙われやすい場所だったかどうかにもよるだろう。もし彼の従者たちが生き残り、かつ忠義に厚ければ、財産を持ち出して弥助に返却した可能性もある。信長と戦場に向かう際に、弥助は武器や甲冑、礼服を含む数着の衣服は持参していただろうし、もちろん金銭や貴重品も携行したはずだ。しかしそうした品も、身に着けていた品をのぞけば、本能寺で焼失したと思われる。また刀も取り上げられ、返却されることはなかっただろう。

もしこうした財産が残っていたなら、弥助はなにかしら事業を起《た》ちあげたかもしれない。もっとも現実的な案は、日本で奴隷貿易に関わるか、船舶への投資や輸出入事業を行なうことだろうか。弥助は読み書きができなかっただろうから、ビジネス・パートナーも必要だったはずだ。彼の受けた教育は部分的かつ非公式なもので、もっぱら軍事的攻撃力に直結するものに限られていただろう。(3) 事業は日本を拠点にした可能性もあるが、何も言い伝えられていないことを考えると、インド、マカオ、マラッカ、ホイアン(現在のベトナム)、アユタヤ、マニラといった都市や、東アジア海域中に点在する、外国人や海賊が定住した大小の入植地を拠点にしたのかもしれない。弥助の前歴を知る者がいない土地では、彼の存在も話題にはのぼらなかっただろう。

弥助にとってビジネスを制限する境界はないに等しく、黒人の自由民が(逃亡中の奴隷であ

って も）開業することは、地球上のどのポルトガル領でも、その他のアジア地域でも珍しいことではなかった。黒人はポルトガル本国では差別されたり、家賃と食費を払えずに貧困に陥ったりすることが多かった。しかし、技能や仕事があればその働きぶりは実に優秀で、とりわけ植民地では、ヨーロッパ人の適任者がいないため、自由民が事務員や職人として雇われることも多々あった[21]。

マカオやゴアにも多数の奴隷が暮らしていて、その数はヨーロッパ人の人口の約六倍にものぼった[22]。奴隷の多くはアフリカ系だった。そのほかにもアフリカ系自由民や混血の人々がアジア諸国で暮らしていた。中国や東アジアの港町については、アフリカ人が暮らしていたということと、全員ではないが、そのほとんどがポルトガル人の奴隷だったこと以外はわかっていない[23]。広州の商家では、アフリカ人奴隷をたくさん買うことがステータスシンボルだったと言われている[24]。南シナ海で活動する中国海賊船の乗組員にアフリカ人がいたという記録もある。南シナ海はほぼ無法地帯で、小役人が賄賂を受け取って海賊行為を見逃していた。平戸島の松浦家など日本の大名にも、当時の中国人や日本人の海賊と密輸業者を積極的に歓迎した者たちも

（3）アフリカ人奴隷の中には、主人の寛容さにより、あるいは奴隷としての価値や実用性を高めるため、教育を受けた者もいたが、弥助がそうだった形跡はない。

いた。

弥助なら、技能と経験を生かして護衛や傭兵の職を得ることができただろう。前述の一五八四（天正十二）年の戦で有馬氏本陣にいた砲手も、明らかにその部類だった。ほかにもこうした専門職として雇われた外国人はいた。たとえば、一六〇〇（慶長五）年に漂着した難破船に英国人ウィリアム・アダムスと同乗していたオランダ人船員は家康から扶持を与えられ、徳川軍の砲術指導官となった。

この地域の調査データは数が少ないが、当時の東アジア航路を行き来する国際貿易商のあいだでは、アフリカ人護衛団を侍らせることが流行だったようだ。裕福な商人たちは誰が一番豪勢で派手な取り巻きを連れているかを競い合った。例を挙げると、海賊船船長兼貿易商であり、マカオの初期の開拓者だったバルトロミュー・ヴァス・ランデイロは、斧槍や盾で武装した八十人近いアフリカ人護衛をどこへでも引き連れていたと言われている。ランデイロはユダヤ人だが、喜望峰をまわってから経歴を詐称し、一五六〇年にゴアに到着した頃にはポルトガルの貴族の子孫だと名乗っていた。彼は一五八五年ごろに死亡するまで、日本も含めた東洋の海でビジネス――奴隷貿易、密輸、より適正な貿易活動――を精力的に行ない[25]、その悪評と成功から〝マカオのポルトガル王〟の通り名で呼ばれた。彼の船の乗組員はとりわけ多彩な民族で構成され、中国人、日本人、ヨーロッパ人、フィリピン人、インド人、アフリカ人の船員と海賊が雇われていた。[26]

　また別の例では、弥助の時代よりも後のことだが、十七世紀前半の中国人海賊で、密輸業者及び貿易商だった鄭芝龍《ていしりゅう》が、(4)最大で三百人を超えるアフリカ人護衛の一大軍団を抱えていた。[27]この護衛たちはさまざまな地域で採用されたようだが、おもにマカオで雇用され、多くは脱走奴隷だったと考えられている。また、一六二二年の対オランダ戦で防衛に成功して解放された奴隷もいただろう。当時、ポルトガル人兵のほとんどが貿易業務でマカオを離れており、ポルトガル側は無防備も同然だった。彼らの代わりにマカオの防衛のために戦った奴隷たちは、圧倒的な兵力差にもかかわらず、猛烈な攻撃でオランダ軍の撃退に成功し、自由を獲得した。隷属状態から解放された彼らはよりよい雇用を求め、鄭芝龍がそれを提供したと思われる。

　鄭は日本に長く住んでいた。中国政府当局から逃れて安全に暮らせるうえ、日本とヨーロッパの交易や密輸の機会を利用して儲けることができたからだ。彼の船団は最多で一千隻のジャンク船〔三本マストが特徴の中国の木造帆船〕を擁していた。[28]そのため、日本で暮らす裕福な中国人、ポルトガル人、日本人は、アフリカ人の取巻きを大勢連れているとまことしやかに伝えられていた。また、アフリカ人はポルトガル軍から逃亡したり解放されたりしたあと、南シナ海の中国人海賊に加わっ

（4）第四章で触れた明朝末期に清に対する抵抗運動を率いた軍人、鄭成功（国姓爺）の父親。

たという記録もある。[29] 弥助ならこうした国際傭兵団――必要とあらばいつでも頭領の海賊行為に加担する一団――に問題なく加わることができたはずだ。

弥助は航海に慣れており、どこの国の船でもどんな状況でもどんな職種でも、船上で役立つ働きができただろう。病気や劣悪な労働環境、絶え間ない紛争によって乗組員の死亡率がきわめて高い時代には、船長たちはつねに新たな人員を求めていた。弥助はほかにすることもなく、あるいは新たなチャンスがあるという噂を頼りに、インドかアフリカ、またはその中間のどこかに行こうと考えて、船上労働と引き換えに無賃乗船する契約を結んだのかもしれない。第四章で検証した屏風絵のように、アフリカ人やインド人はアジア地域のポルトガル船乗組員の多数を占めていた。

〈世界ふしぎ発見!〉では、弥助がモザンビークに戻り、日本の着物を現地の人々に紹介したのではないかと示唆した。この説は、番組が〝キマウ〟と紹介した現地衣装の語源が〝キモノ〟なのではないかという推論を基にしている。語源の問題と、〝キモノ〟が当時一般的な単語だったのか、その単語が厳密に何を意味したのかという疑問点以外にも、この推論が誤っている可能性が高い理由がある。ひとつは、弥助が日本からアフリカに帰る費用はおそらく法外な値段であり、東洋に残る選択肢のほうが現実的だっただろうということ。もうひとつは、弥助がおそらく子供の時分に売られた可能性の高さを考えると、悲しいことに、彼自身が出身地の場所を正確に記憶していなかったと思われるからだ。

さらに、日本から帰路の航海に出る場合、弥助は必然的にヨーロッパの船に乗らなければならず、そうなると着物と呼ばれる衣服を身に着けていたとは考えにくい。当時の日本人の船乗りや労働者の絵を見ても、短いズボンと現代の甚平に似た実用的な服を着ている。私は番組で取りあげられていた〝キマウ〟と呼ばれる衣装の情報をほとんど見つけられなかったし、東京にある在日モザンビーク大使館も聞いたことがないという話だった。もし現地の衣装なら、外国（おそらくはインド）からの輸入品だったのではないだろうか。ゴアにはサリーやバジュの一種である〝キマウ〟と呼ばれる服がある。[30] これは、マレーシアのようにインド文化の影響を色濃く受けたほかの国々でも一般的な服装となっている。十九世紀までインドは世界最大の繊維輸出国のひとつであり、モザンビークと何世紀にもわたり直接交易があったことを考えると、その〝キマウ〟という衣装が実在するとしたら、インド由来の品と考えるほうがもっともらしい史実に思える。

信長の死後の弥助の人生について、明確な結論は出せない。弥助が積極的に前職の身分に戻ることを望んだとは考えにくいが、まだ奴隷状態であったなら、ほかに選択肢がなかった可能性もある。もし安全面と財政面に問題がなく、イエズス会のもとを去って独力で突き進むチャンスがあれば、きっとそうしたはずだ。しかし、怪我を負い、身体的な治療や薬の投与、栄養摂取の必要に迫られていたら、少なくとも短期間は教会堂に滞在しようと決めただろう。もし重傷を負い、財産もすべて失っていたら、いずれにしても彼の人生と将来の選択肢は厳しく制限されたはずだ。

また、彼は一連の経験すべてによって精神的に深い痛手を負っていた可能性もある。弥助のような人物にとっては、本能寺の変がもたらした悲運も、連綿とつづくトラウマ体験の新たなひとつにすぎなかったのかもしれない。子供の頃に自宅からさらわれ、何度も売買され、おそらく虐待を受け、日本に着いたら自分を見ようと殺到した人々にもみくちゃにされ、あやうく殺されかけた。おそらく雇用主も宗教も名前も幾度か変えながら生き、心の安定も欠いていただろう。そうすると、比較的親切な雇い主であるイエズス会のもとで従者として暮らす穏やかな生活を選んだかもしれない。

とはいえ、もし彼が去ることを望んだなら、イエズス会には彼を引き留める法的手段はなかった。したがって弥助は、堂々とでもこっそりとでも、門の外に出て二度と帰らなければよかった。ただし、仕事や地位や寄付の当てがなければ、またもみくちゃにされたり、飢えたりするリスクに晒されることにはなっただろう。

もっとも可能性の高い選択肢は、当初はイエズス会のもとにとどまり、状況が安定したころを見計らって、イエズス会一行と長崎周辺まで戻ったということだ。その後、有馬氏のような地元の大名に仕えたり、護衛または海賊の傭兵団に加わったかもしれない。これはもっとも現実的で経済的にも大きな利益を得られる道だ。危険と隣り合わせではあるが、団体として仲間の保護を受けられて比較的安全でもあり、衣食にも困らなかっただろう。

第七章　弥助の生涯を推測する

弥助の物語が、浪漫と冒険と希望と活力と偶然の巡りあわせにあふれ、時代を超えて共鳴を引き起こす大きな魅力を備えていることは疑いようもない。まるで冒険小説を読むようであるが、まぎれもない事実でもある。

本書では、弥助の人生に関する入手可能なすべての史料を調べ、その内容を吟味《ぎんみ》し、より深い解釈を加えると同時に、史料間の矛盾を解決しようと試みた。また、その史料を歴史的事件や当時の状況と絡めて、弥助という黒人の人生を可能なかぎり再現し、解釈しようとした。これは近代にヨーロッパ・日本間に存在したアフリカ系黒人の歴史を振り返る作業も含まれ、大変な作業となった。さらに、日本の天下再統一、インド洋の奴隷貿易、アフリカ人の他大陸への離散、ヨーロッパ海上帝国の建設、海賊行為、銃器の世界的拡散、ムガル人のインド北部征服、キリスト教とイスラム教の世界的な浸透——といった国際的な重大事件と今日に至るまでつづくその影響にも眼を向けた。それは端的に言えば、グローバル化の最初の黄金時代を振り返り、時代の潮流に流されつつも、小さな、しかし価値のある役割を果たした一人の人間の人生を見つめることだった。

弥助という人物が興味深いのは、世界に貢献した足跡が、普通なら注目されずに終わる何億もの人々の一人にすぎないという点だ。彼の逸話は、労働者、家事労働者、農夫、傭兵、介護人、船乗り、側妾として過酷な労働を強いられ、歴史上の正当な手柄も物質的利益も他人に搾取されて終わった奴隷たちの中の一人の物語なのだ。私たちが彼の人生の断片を知り、そこから始まりと終わりを推測することができるのは、ほんの偶然にすぎない。史実の周辺に組み立てた仮説は、記録にはほとんど残っていないが、弥助と似た人々——本来なら歴史で取り上げられることもなかった人々——を浮き彫りにした。弥助は、人間の歴史に記録もされず敬意も払われずにきた何百万もの人々の旗手といえるだろう。

弥助の人生

この本で検証したすべての証拠を吟味し、考慮すべき史料の信頼性、出自の可能性、信長の死後の説を評価した結果を踏まえて、弥助の人生をまとめてみよう。

十六世紀半ば、現在のエチオピア連邦民主共和国またはその周辺地域で生まれたアフリカ人の少年がいた。彼の家族は畑のわずかな収穫で暮らす貧しい農民だった。あるいは半農半牧の生活をしていたかもしれない。村はしょっちゅう宗教と民族紛争の巻き添えを食い、家畜を殺され、穀物を踏みつぶされ、家屋を焼かれた。そのたびに、少年と家族は丘や森に避難しなければならなかった。一五六〇年代半ばのある日、夜明けに急襲があり、少年一家は逃げ遅れた。襲撃の目的は、売りさばくための食料と人間の略奪だった。敵の戦士たちが立ち去るときには、少年の家は廃屋同然になっていた。畑の実りは略奪され、ハゲタカが頭上で旋回し、動物や人間の死骸にありつくのを待ち構えていた。大人たちは残虐にレイプされ殺害されたあと、その遺体はその場に倒れたまま、あるいは家を支えていた柱に突き刺さったまま放置された。子供と若者たちは鎖でつながれ、村の食料をめいっぱい背負わされた。これから何週間も、あるいは何カ月も苛酷な旅をして、海岸沿いの奴隷市場に連行されるのだ。少年の世界は、その日を境に一変した。恐怖に怯え、空腹にさいなまれ、心に傷を負った少年は、生まれてから一度も村を出たことのない彼にとって永遠にも思える長い時間、世界の果てまで歩かされるのか、と思うほど、ただひたすら歩かされた。

奴隷商人が長旅の末に少年——おそらく十代前半で、長い距離を歩けるだけの体力のある年齢だったろう――を連行した海岸の奴隷市場では、地元の奴隷商人たちが捕虜という〟収獲〟を持ち寄って、世界中から〟獲れたて〟の人間を買い付けにやってきた者に売るために集まっていた。奴隷は貴重な商品であり、奴隷商人の生計を支えるものだった。市場で高い値で売るためには奴隷を良好な状態に保つ必要があったので、奴隷には長い徒歩の旅の途中でもきちんと食事が与えられた。同時に、過酷な訓練が施され、反抗的な態度を示した奴隷には、打擲《ちょうちゃく》、レイプ、食事抜きといった一定の罰が与えられたが、皮膚を傷つけないよう配慮された。傷ひとつない商品には最高の値がついたからだ。奴隷たちは鉱山労働者やガレー船の漕ぎ手のような肉体労働をするだけでなく、君主の宮殿や金持ちの大邸宅で愛玩物や警備員、愛人の一人となることもあった。その奴隷の少年――ここではイサケと呼ぶことにしよう――は行儀よく振る舞い、命令にはきちんと従った。彼は反抗しても危害を加えられるだけだと知り、新しい主人を喜ばせるよう最善を尽くした。生き残るためには、ほかに術《すべ》はなかった。

すべての捕虜が海岸の奴隷市場までたどり着けたわけではなかった。歩くのが遅すぎる者、必要以上に厄介だと判明した者、体が弱い者や病気の者はその場に置き去りにされたり、夜のうちに消えたりした（おそらく山から落とされてあっというまに冥土《めいど》行きとなったのだろう）。イサケは、体が弱くはなかった。むしろ、まだ幼いのにとびぬけて背が高く体格もしっかりしていた。海岸にたどり着いたイサケは、目の前の巨大な海に驚嘆して震えあがっただけでなく、想像を絶するほどのさまざまな人々を目撃した。彼らの話す言葉は一千種類もあるように聞こえ、肌の色は無数に、衣服は百種類もあるように見えた。そこには、至るところから集まったアラブ人、ターバンを巻いたインド人、少年の部族とはまったく異なって見える南部出身のアフリカ人、肌の色の薄いエジプト人、トルコ人、ユダヤ人、ペルシャ人などが一堂に会していた。腰布を巻いただけの姿で、裸にされたような無防備な気持ちで恐怖を感じながらも、勇敢な少年はその光景にすっかり魅了されていた。もちろん、少年にはその人々が誰で、どこから来たのかまったくわからなかった。それどころか、自分自身がどこから来たのかさえわからなかった。彼にわかるのは、ただここへ来るまでに丘を越え、山を越え、平原を抜け、砂漠を抜け、延々と歩いてきたということだけだった。

イサケとほかの捕虜たちは腰布を取り、裸で行進させられ、買手の査定を受けた。イサケは年齢のわりに体が大きく、つねに空腹だが健康だった。ほどなく買手の一人がイサケを選び出した。イサケはまさに彼らの期待通りの商品だった。ハンサムで背が高く、強靭な肉体を持つ理想的な奴隷であり、きっと高い値で売れることだろう。買手はイサケへの対価として、売主に鉄の延べ棒と綿布の巻物と香辛料を支払い、イサケはほかの奴隷や交易品と一緒に小さな船に乗せられた。彼にとって初めての航海は、手枷足枷をはめられて自由に動くこともできず、吐き気に襲われつづける過酷なものとなった。身動きすらできない窮屈なアラブ船は三角波の立つ海を進み、永遠に航海をつづけるように思えた。

いくつかの港で停泊しては水や食料が補充され、交易が行われた。イサケの仲間の奴隷の一部は、アビシニアまたは航海途中で仕入れたほかの商品と一緒に船から降ろされて売却された。イサケは二度と彼らに会うことはなかった。彼らは新しい商品、香水、畜産物、食料と交換され、その品々は空いたスペースに積み込まれた。やがて船は黒く険しい山々に囲まれた港に到着した。イサケと残りの仲間たちは、新しい買手の前で行進させられた。イサケは苛酷な船旅でげっそりしていたにもかかわらず、再び良い値がつけられた。奴隷商人にしてみれば、疲弊《ひへい》した奴隷を見るのはいつものことだった（値切ることは忘れなかったが）。新しい買手たちは、イサケの目の前で彼の運命について彼には理解できない言葉で話し合った。彼は去勢はされず、ハーレムの護衛ではなく、軍事奴隷としてより厳しい人生を送ることになった。仲間の一部はまた別の買手に買われて、別の目的地に連行された。イサケは大勢の若い奴隷の集団に加えられた。そこには肌の色が彼と似ている者もいれば、見た目がまるで異なる者もいた。

再び、苛酷な航海が始まった。果てのない旅がようやく終わると、また別の不思議な場所で、いっそう不思議な言葉を聞いた。そこにはイサケがそれまで見たこともないような桃色の顔をした男たちがいた。彼らはイサケがそれまで見た中でもっとも奇天烈《きてれつ》で風変わりな衣服を着ていた。高さのある帽子、ぶかぶかのズボン。ぴったりした上着はきつくて着心地が悪そうなだけでなく、この新たな土地の暑さの中では、実用的でもなさそうだった。その男たちのあとから、アフリカ人の一行がつづいた。同じように風変わりな服装をして、白い顔をした男たちに日傘を差しかけている。日光を浴びていないから、あんなに色が白いのだろうか、とイサケは思った。今回は、イサケたち奴隷に充分な食事が与えられた。航海でやせ衰えた筋肉を増強するために運動をし、休息も取った。ある日、体を洗うように指示され、再び買手の前で行進したが、今回は性別ごとに分けられた。その後、イサケが奴隷の少女たちと会うことは二度となかった。

買手たちはイサケと似たような見た目をしていたが、奴隷商人と話す言葉は彼には理解できなかった（のちにイサケはその言葉がインドの軍隊で使われているウルドゥー語だと知る）。買手の一人に母語と似た言葉で話しかけられたとき、イサケはできるだけ丁重に答えようと努めた。白いローブを着て、日よけのターバンを頭に巻いた買手たちは、厳格だが幸せそうに見えた。また、屈強な男たち――堂々たる尊大な態度で、いかにも威力のありそうなキラキラと輝く武器を持ち、馬に乗っている――を引き連れていた。その幸福そうな男たちは背筋をぴんと伸ばして力強く歩き、不安で怯えた裸の少年たちの窮状にはまるで無関心だった。奴隷という商品である少年たちは、つつかれたり、腕や脚を握られたり、歯を品定めされたり、背の高さを比べられたりした。

その後、イサケは大勢の少年たちとともに内地に向かって長い旅をし、かつて見たこともないような巨大な城郭都市にたどり着いた。クリーム色の石で作られた城壁は完璧なまでになめらかで、ところどころに複雑な模様が刻まれている。おびただしい数の銃口が穴から突き出ており、銃眼付き胸壁のそばを兵士たちが警備していた。

イサケはたっぷりと食事を与えられ、戦士となるための戦い方や、敬意を表して主人の威厳を保つ方法を学び、主人と仲間──今ではこの軍が彼の家族だった──のためなら命を捨てるよう教えられた。また戦闘方法だけでなく、乗馬や歩哨《ほしよう》、新しい身分にふさわしい礼儀作法も学んだ。こうしてイサケはハブシ戦士となった。少年の世界は順調にまわりはじめ、前途には素晴らしい未来が待っていた。彼は自分がアビシニアという場所で生まれたこと、二度とそこに戻ることはないことを教えられ、アビシニア出身の同胞の、自分を買った男たちの一員となったのだった。イサケは現地語を学んでイスラム教を信仰するようになり、名もアラビア風にイシャクになった。

ゴアから九州へ

しかし、仲間との安心できる世界も長くは続かなかった。イシャクの主人たちがより優れた軍隊に攻撃され、敗北したからだ。イシャクは必死で戦ったあと、かろうじて戦場から脱出した。新たな強力な支配者がイシャクの元主人の立場に就き、敗軍ハブシ兵の居場所は失われた。イシャクたちは少人数ごとにまとまって走って、あるいは馬に乗って逃亡し、新たに仕える主人と庇護を求めて散り散りになった。奴隷ではなくなった彼らは、金を払ってくれる人であれば誰にでも、自分の武力を売るつもりだった。イシャクと友人たちは、奇妙な衣服を着た白い肌の男たちが支配する、ゴアと呼ばれる地域にたどり着いた。そこで彼らは護衛兼従者として雇われ、契約労働者となった。新しい主人はイシャクが学んだどの言語ともまったくちがう言葉を話した。こうしてポルトガル語は彼にとって三つ目か四つ目の言語となり、彼の名前は今度はポルトガル風にイサーキになった。

新しい仕事の内容は、プライドの高い主人の威厳を保ち、その傲慢《ごうまん》な態度に耐え、仕事で外出する主人に付き添い、命じられた相手を威嚇したり攻撃したりすることだった。以前の軍の仕事と大差はなかった。大規模な王国軍ではなく、少人数の護衛隊の一員となったが、以前よりも主人の私的な領域に踏み込むようになり、主人とつねに行動を共にした。イサーキは再び信仰する神を変更するよう命じられ、カトリックの祝祭と儀式に従った。それは取り立てて困難なことではなかった。どの神も彼にとってはさほど変わりがないように思えたからだ。

数年後、イサーキは、ヴァリニャーノというカトリック教会の重要な宣教師と出会った。

ヴァリニャーノは巡察師という地位に就いており、背が高く威厳にあふれた人物で、普段は傲慢な主人がこの司祭に対しては謙虚に振る舞い、深い敬意を表した。イサーキはほかの護衛とともに外で主人を待っていた。通りの日陰で主人を待つ護衛たちに、近くの酒場の少女奴隷が顔を赤らめながらワインを給仕した。イサーキたちはざらざらしたグラスにはいったワインを一、二杯飲みながら、雑談したり、少女にちょっかいを出したりしていた。

しばらくして、イサーキが主人に呼ばれた。何か物を持ち上げたり運んだりする用事でもあるのだろうかと思いながら、イサーキは美しい布教所の薄暗くひんやりとした内部に足を踏み入れ、会話をつづける主人たちに近づいた。彼の主人はイサーキを指さして言った。「司祭様、これが先ほどお話しした黒人《カフィア》にございます。カフィアにしては信頼がおけますし、この体格を見てください。あなた様に危害を加えようと思う輩がいても、この男がうしろに控えていれば、きっと二の足を踏むことでしょう」主人はさらにつづけた。「もしお気に召しましたなら、この男を献上いたします。母なる教会の発展のため、異教の国に神の御言葉を広めるために、私にできるせめてもの捧げものです。どうぞお受け取りください」

巡察師ヴァリニャーノはイサーキに目を向けると、立ち上がって品定めをはじめた。ヴァリニャーノはかなり背が高かったが、それでもイサーキほどではなかった。しかしながら、ヴァリニャーノには圧倒的な存在感があった。そんな彼に冷ややかに見つめられると、部屋中が彼の存在で埋め尽くされたかのようにイサーキには感じられた。胃がぎゅっと縮まり、七つの海で幾度も売買されてきた記憶が蘇った。ここでも検査のために服を脱げと命じられるのだろうか？　しかし、ヴァリニャーノはイサーキをひとしきり眺めたあと、彼に問いかけた。「息子よ、おまえは勤勉に働くか？」身長差にもかかわらず、イサーキはまるで自分が小さな子供になったように感じた。「はい、ご主人様」「おまえは、おまえの主人が言うように、従順であるか？」「はい、ご主人様」「この者はカトリック教徒なのだろう？」この最後の問いは、イサーキの主人に向けられていた。「さようでございます、司祭様。私が雇ったときにカトリック教徒に改宗させました。それ以前はムーア人でしたが、生まれながらのムーア人ではないと思われます」ヴァリニャーノは再度イサーキのほうを向いて言った。「私たちは、ムーア人のような恥ずべき者は雇わない。おまえもこれからは、ただ唯一の神につながる真実の道からそれることのないよう精進しなさい。私たちはこれから出航する。別れを告げていたときに、ちょうどおまえの主人から寛大な申し出を受けたのだ。残念なことに、主は先週私のカフィアを天にお召しになった。それゆえ、おまえには今すぐに私の従者になってもらわねばならない。おまえは奴隷ではないようだが、年季奉公の最中だ。これからは私がその契約を引き継ぎ、おまえの働きと忠誠に対して報酬を与えよう。私がおまえの働きを必要とするかぎり、私とともにありなさい」

こうしたやりとりを経て、イサーキはイエズス会東インド管区の巡察師、ナポリ出身のアレッサンドロ・ヴァリニャーノに仕えることとなった。イサーキは、極東の旅に随行させる屈強で威圧的で責任感のある従者兼護衛というヴァリニャーノの要件を満たしていた。頑健で自制心があり、冷静で信頼できるとして評判が高く、騒動の仲裁や武器の扱いも巧みだが、気まぐれに、あるいは不要に暴力を振るうことはなかった。襲撃をもくろむ輩も彼の体格を見ただけで怖気づき、暴力に頼る必要もめったになかった。さらに、礼儀作法の必要とされる場でいかに振る舞うべきかも心得ており、数カ国語を話せる能力は、多文化・多民族世界で生きるイサーキにとっても彼の主人にとっても非常に役立った。ハブシとして受けた鍛錬はおおいにイサーキのためになり、現在の彼を形作っていた。ヴァリニャーノとイサーキは、主人と従者という関係に限って言えば、理想的な組み合わせだった。黒人の若者は、少なくとも多少は彼の労働環境に配慮してくれる、公平で興味深い主人を得た。ヴァリニャーノは、いざというとき頼りになる、知的でたくましい働き者の従者を得た。

ヴァリニャーノ一行はまずは南へ、それから東へ向かった。その旅はイサーキにとって幼少時に経験した船旅にくらべればマシだったとはいえ、はるかに快適というわけではなかった。とはいえ、船の揺れに食欲が刺激されたときには、不充分な船上の食料が許す範囲で食事が与えられ、限られた空間の中で自由に動くことも許された。仕事は辛くはなかった。イサーキは一行が持参した食料をやりくりして船尾回廊の炭火でヴァリニャーノの食事を調理したり、主人の個人的な用事をこなしたりしたが、一日の大半は、ヴァリニャーノが書き物をしたり、祈りを捧げたり、ほかの宣教師たちと話し合っているため、何もすることがなかった。多民族の船員の中には、アフリカ人も多くいた。航海がつづくにつれていっそう不潔になった船は、補給品を積み込むため時折どこかの港に停泊した。悪天候を避けるためにインド亜大陸の先端を陸路で移動したこともあった。そんなときは、イサーキは主人が乗った輿のうしろを歩いた。

旅の終点はマラッカと呼ばれる港だった。暑く湿気の多い土地で、空気に漂う緊張感が肌にぴりぴりと伝わってきた。ヴァリニャーノは不機嫌で苛立っていた。現地民からは敵意を向けられ、身の安全に注意が必要だった。彼らはその土地に九カ月滞在したが、風向きと伝道の仕事のめどがつくと急いで出立した。

次の航海の目的地はマカオだった。前回よりも長い航海だったが、前回同様さほど不快ではなく、イサーキには自由時間がたっぷりあった。アフリカ人船員の数は減り、東洋人が増えた。それまでにも中国人を見たことはあったが、こんなに大勢見るのは初めてだった。彼らはじつにさまざまな言語を話し、ほかの船員と話す必要があるときには、片言のポルトガル語を使った。なかには日本人の船員もいた。ヴァリニャーノは彼らに強い興味を抱き、可能なときはいつでも日本人船員たちと会話をしようとした。残念ながら、彼らのポルトガル語能力では、ヴアリニャーノの質問の大半に答えることができず、また日本語を解して通訳できる者もいなかった。ヴァリニャーノはその状況に不満を漏らし、なんとかしなければならないと考えたようだ。バベルの塔の崩壊は、まことに神の御言葉を広めようと努力する人間にとって大きな災いをもたらしたのだ［旧約聖書には、神はバベルの塔の崩壊とともに、本来一つであった人類の言語を混乱させ、多数の言語に散らせたとある］。「イサーキ、私たちは中国語と日本語を学ばねばならない。おまえも含めて私たち全員が、だ。それしか手立てはなさそうだ」ヴァリニャーノはそう告げたかもしれない。マカオ行きの航路は海賊が横行していると言われていたが、彼らの旅は無事に終わった。

マカオには、インドのポルトガル領で見慣れた建物と似たような建物が立ち並んでいた。またアフリカ人も大勢いた。ヴァリニャーノは忙しく飛びまわり、イサーキはつねに主人に随行したが、窃盗未遂以上のトラブルはほとんど起きなかった。ヴァリニャーノは、現地のポルトガル人の大半が実は隠れユダヤ人だと見抜いたが、ルーツを問う危険は避けた。イサーキは主人の判断を喜んだ。というのも、ヴァリニャーノがもっとも不信を抱いた人々は、とりわけ大柄で真っ黒な肌の護衛を大勢引き連れていたからだった。イサーキとしても彼らと戦いたくはなかったし、多勢を敵にまわして主人を守らなければならないという事態は避けたかった。ヴァリニャーノがせめてもう何人か護衛を増やしてくれればと思ったが、宣教師が野卑な商人のように護衛に囲まれていたり、君主のごとく気取って歩いていたりしていては、威厳を損なうことになる。イエズス会士は、高潔はもちろんのこと、清貧を誓うものとされていたからだ。最終到着地の日本へ向かう航海は、巨大な黒い商船――イサーキが一度も乗ったことのない大型船――での比較的迅速な旅となった。彼らは島原半島にある小さな漁村に到着した。しかし、イサーキはマカオを出航する前に、軍事的脅威やほかの案件について幅広い指示を受けており、日本が平和な国ではないことを知っていた。

日本での最初の三年はイサーキにとって夢のような時間だった。九州では従来通りの生活がつづいたが、やがて畿内に移動すると、現地の日本人たちは巡察師一行に旺盛な好奇心を抱き、そのほとんどがイサーキに直接向けられた。それでも、彼はいつも優しく接してくれる日本人のことが好きであり、ヴァリニャーノの命令に従って日本語を学び、かなり上手に話せるようになった。こうしてイサーキはそれまで暮らしてきた土地では得られなかった安らぎを感じた。地元住民から無意識に見下されることもなく、見知らぬ人から贈り物をもらうことまであった。女性の数も多く、安価で簡単に手に入った。

ヴァリニャーノがイサーキを有力大名の織田信長に献上すると決めたとき、イサーキには自分がこれからどうなるのかほとんどわかっていなかったが、すべてが手探りの状態の中で、驚くほど新鮮な体験をすることとなった。日本人は数多くのポルトガル語を日本語風の発音にして取り入れたが、発音は難しいらしく、イサーキも信長によって〝弥助〟と呼ばれるようになった。夢のような時間はつづいた。弥助は出世し、敬意を払われ、裕福になった。また、これまで手に入れたいと夢見たことはおろか、そもそも存在することさえ知らなかったような栄誉ある刀を帯刀することになった。しかし、京都のある朝、そのうたかたの日々が容赦なく潰える時がきた。弾丸が、矢が、刀が、槍が弥助を襲い、命を奪われかけた。もっとも衝撃を受けたのは、彼の新しい主君の死を手伝い、その後、主君の刀を跡継ぎの息子に渡すよう命じられたことだった。

運命の朝に起きた二番目の戦いで最後の抵抗を試みた御所も炎上し、信長の息子は敗れ、さらに多くの者が切腹した。燃え落ちる梁や次々と倒れていく兵たちのように、弥助の日本での夢のような生活は瓦解した。結局、弥助は幸運にも生き残り、京都の教会堂のヴァリニャーノの仲間に快く迎えいれられた。

本能寺の変の後で

それ以降、肉体の回復につとめながら、精神的なトラウマにさいなまれる日々が続いた。傷つけられたのは体だけではなかった。まるで弥助という人間の大部分が日本での侍の生活とともに失われてしまったかのようだった。お盆の提灯に乗馬や相撲、宴や儀式の数々、時折見せた信長の常軌を逸したふるまいまで、すべてが儚《はかな》い夢だったのかもしれない。

肉体が回復すると、彼はイエズス会の日々の仕事をなんとかこなし、すんなりとアフリカ人従者の生活に戻った。それが彼にとってもっとも楽な生き方だったからだ。しかし、やがて鬱《うつ》が彼を襲い、人生には何一つ価値がないと感じるようになった。イエズス会は、身の安全のために弥助を教会の敷地から出すべきではないと考え、彼も異を唱えなかった。やがて日本の政治的状況が落ち着きはじめ、都ではもう争乱は起きそうになかった。そこでイエズス会は弥助を長崎に行かせることにした。弥助は定期的に長崎を訪問するイエズス会一行の旅に――おそらく肌を隠すために全身に布を巻きつけて――随行した。彼は再び宣教師に隷属する従者として働いた。みずから従者を従えた信長の家来時代とは、そして裕福な権力者と話すヴァリニャーノの横で護衛をしていた日々とも、天と地ほどもちがう生活が始まった。

目立つことは避けていたにもかかわらず、弥助の噂は長崎にも広まっているようだった。本当に信長の家来の黒人だったのかと知りたがる興奮気味の日本人たちから逃げなければならないことも何度かあった。ある日、イエズス会と友好同盟を結んでいる有馬晴信から、異教徒の大名、龍造寺隆信《りゅうぞうじたかのぶ》との戦の援助要請がきた。弥助は上洛前に有馬氏の領国や領民と慣れ親しんでいた。なにしろ日本初上陸の地は有馬氏の領地である口之津だったうえ、数年前にヴァリニャーノが行なった有馬晴信の洗礼式にも同席していたのだ。弥助は有馬氏がポルトガルから購入した大砲の操作を喜んで手伝い、その仕事は、掃き掃除や食料品の買い出し、風呂の湯沸かしの日々に変化をもたらした。イエズス会は弥助の協力を了承した。イエズス会には有馬氏を支援する必要があったが、その年はまだマカオからポルトガルの黒船が到着したばかりで、元弥助、イサーキを差し出すことくらいしか彼らにできる軍事的援助の方法はなかったからだ。

依頼された仕事は単純ではなかった。イサーキは実のところ砲手の経験はなく、大砲の発射方法はそばで見て覚えた程度だったが、多少大砲の知識を持つ日本人キリシタンの手を借りて、なんとかやりとげた。大砲の力かどうかはわからないが、有馬氏と島津氏の連合軍は勝利して島原の支配権を得、龍造寺隆信は戦死した。有馬氏はイサーキ――これを機に、彼の名はまた弥助に戻された――に相当な報酬と新しい刀を与えた。同盟国の勝利、ひいてはカトリック教会の勝利に弥助が貢献したことを喜び、イエズス会も弥助に褒美を与えた。

弥助は憂鬱と低迷の日々を抜け出し、新たな活力と目的を手に入れた。戦の光景や騒音、軍人という立場は古い記憶を再燃させ、身のうちの欲望を駆り立てた。彼は北へ向かい、ひそかに海賊がはびこる長崎の北にある平戸島へ渡った。平戸島を治める松浦氏は、密輸や海賊行為を行なう外国人船乗りを援助し、それによって大きな利益をあげていた。中国人海賊の船長たちは平戸を拠点とし、明の政府に追われ国外逃亡した海賊の多くが平戸に住み着き、地元民と結婚し、新しい家族をつくった。平戸に行けば自分を乗せてくれる船の船長を見つけ、そこから日本を出国できるだろうと弥助は考えた。イエズス会が彼の決断を阻止するとは思わなかったが、そのリスクを避けたかったからだ。もしポルトガル船で長崎から出航しようとすれば、イエズス会は少なくとも別の道を選ぶよう説得を試みただろう。それにポルトガル船に乗ったとしたら、行先はどこになる？　マカオか？　マニラか？　そんなところへ行っても、奴隷の生活がつづくだけだ。中国船に乗ったほうがはるかにうまく転びそうだと弥助は思った。

　弥助は彼にぴったりな中国船を見つけ、ポルトガル語と日本語を交えて交渉し、契約書に署名した。船長は弥助のような屈強で威圧感のある船員が乗船することを歓迎した。弥助は手荷物を金庫に入れ、新しい刀を武器庫にしまった。中国人船員たちは彼を中国風に〝アイサケ〟という五つ目の名で呼び、福建語が彼の五つ目か六つ目の言語になった。何回かの航海をその船で過ごした。仕事は多彩で、とくに植民地や町を襲うときにはたっぷり給金をもらえた。中国本土や島の沿岸部には狙いやすい地点が多くあり、略奪しやすい小さな船が数多く浮かんでいた。アイサケは戦士に舞い戻り、明政府軍の兵士や船乗りを殺し、ライバルの商人や海賊を排除した。船長の一味の援助を拒んだ村の村民は奴隷にされたが、実のところ、村の多くは官僚の締めつけから自分たちを解放してくれる海賊を英雄と見なしており、進んで見張りや伝令や食物の提供を行なった。

　海賊たちは、中国南東部の都市にいくつものたまり場を持ち、南シナ海周辺の島々や人里離れた地域に安全な基地を構えていた。こうした基地の島――おそらくルソン、琉球、台湾のどこか――で、アイサケはようやく安住の地を見出した。出生地と同様に、この島がどこなのかはよくわからなかった。アイサケは船乗りにはならず、ただ海に出て戦い、略奪を繰り返した。再びかなり裕福になると、中国本土から海賊団に拉致された女性や従者とともに小さな家庭を持った。仲間から尊敬され、家族からは愛情のようなものも得たかもしれない。弥助の生活は、時折重労働と激しい暴力にペースを乱される以外は、比較的平和な暮らしに落ち着いただろう。

弥助として歴史に名を残した男の血は、もしかしたら、今も日本南部の島々か日本の南西の海のどこかで暮らす日本人、中国人、フィリピン人のいずれかの島民の体に脈々と受け継がれているのかもしれない。日本史上もっとも有名な黒人の魂は、四世紀半以上経っても忘れられることなく、伝説として、また世界中の人々に多様性に富んだ閃《ひらめ》きを与える源として、今も私たちとともにある。弥助、君に心からの敬意を。

日本語版引用文献

『イエズス会日本年報　上 新異国叢書3』村上直次郎訳、柳谷武夫編輯（一九六九年、雄松堂出版）
『新訂 信長公記』太田牛一著、桑田忠親校注（一九九七年、新人物往来社）
『織田信長という歴史「信長記」の彼方へ』金子拓著（二〇〇九年、勉誠出版）
『松平家忠日記』盛本昌弘著（一九九九年、角川書店）
『日本西教史』ジャン・クラッセ著、太政官翻訳係訳（一八八〇年、坂上半七）

付録　第一章「日本上陸と信長との謁見」に関する補足史料

弥助に関する記述が初めて登場したのは、イエズス会宣教師、ルイス・フロイスによる一五八一年四月十四日（天正九年三月十一日）付書簡である。記載された出来事が起きた数週間後のことだ[1]。

堺の市を出んとした時、丈の非常に高いビジタドールのパードレ及び我等と同行した黒奴 cafre の色を見るため、無数の人が街路に待受けてゐた。堺は自由の市であるが、多数の民衆と武士が集ったので、我等の一行が狭い街を通過する際数軒の店を荒したにかかはらず、苦情を言ふ者はなかった。堺を出て駄馬三十五頭、荷持人足三、四十人及び我等の乗馬が約同数あり、黒奴もまた乗馬するやう頻りに勧められた。この道を進むに従って人が出迎へ、また多数の武士が同行して必要な馬匹を供給し、馬上で出迎へた武士も多数であった。

同じ書簡の数ページあとで、フロイスは弥助についてさらに書いている。

復活祭日に続く週の月曜日〔三月二十七日、すなはち天正九年二月二十三日〕信長は都にゐたが、多数の人々がわがカザの前に集って黒奴を見んとしたため騒が甚しく、投石のため負傷者を出し、また死せんとする者もあった。多数の人が門を衛ってゐたにかかはらず、これを破ることを防ぐことが困難であった。もし金儲のために黒奴を観せ物としたらば、短期間に八千乃至一万クルサドを得ることは容易であらうと皆言った。信長もこれを観んことを望んで招いた故、パードレ・オルガンチノが同人を連れて行った。大変な騒で、その色が自然であって人工でないことを信ぜず、帯から上の着物を脱がせた。信長はまた子息達を招いたが、皆非常に喜んだ。今大坂の司令官である信長の甥もこれを観て非常に喜び、銭一万〔十貫文〕を与へた。

この日の出来事は、太田牛一によっても記録されている。[2]

二月廿三日、きりしたん国《こく》より黒坊主《くろぼうず》参り（1）[3]候。年《とし》の齢《よわい》廿六、七と見えたり。惣の身の黒き事、牛の如し。彼《か》の男、健《スク》やかに、器量なり。しかも強力十の人に勝《スグ》れたり。伴天連《ばてれん》召し列れ参り、御礼申し上ぐ。

ルイス・フロイスの同僚であるイエズス会宣教師ロレンソ・メシヤは、一五八一年十月八日（天正九年九月十一日）付の府内（現在の大分県）からの書簡において、弥助について三回目の言及をしている。[4]

パードレは黒奴一人を同伴してゐたが、都においてはかつて見たることなき故、諸人皆驚き、これを観んとしてきた人は無数であった。信長自身もこれを観て驚き、生来の黒人で、墨を塗ったものでないことを容易に信ぜず、屢々これを観、少しく日本語を解したので、彼と話して飽くことなく、また彼が力強く、少しの芸ができたので、信長は大いに喜んでこれを庇護し、人を附けて市内を巡らせた。彼を殿 Tono とするであらうと言ふ者もある。

（1）『信長公記』英訳版の翻訳者エリナスとレイマースは、〝黒坊主〟という日本語を〝blackamoor（黒ん坊）〟と訳しているが、私は〝black priest（黒人宣教師）〟という訳語のほうが良いと考える。弥助が巡察師の側近であり、おそらく剃髪《ていはつ》していたことから、太田は弥助を宣教師と誤解したのではないだろうか。なお、タイモン・スクリーチはこの時期の日本画に登場する黒人について綴った自著で、〝black lad（黒人青年）〟という訳を使っている。

さらに、太田牛一著『信長公記』の自筆本には、安土での弥助に関する未発表の記述——この黒人は扶持を与えられ、名を弥助といい、熨斗付の短刀や私宅まで与えられ、時により御道具などを持たせた——が追加されている。この草稿は織田の重臣だった前田家の個人コレクションに収蔵されている。[5]

然に彼黒坊被成御扶持、名をハ号弥助と、さや巻之のし付幷私宅等迄被仰付、依時御道具なともたさせられ候、

次に弥助が文献に登場するのは、ずいぶん経ってからのことだ。徳川家の家臣、松平家忠が綴った日記に出てくる。この『松平家忠日記』は一五七七（天正五）年から一五九四（文禄三）年までの十七年間の日本の様子を知るうえで、きわめて重要な一次史料だ。一五八二年五月十一日（天正九年四月十九日）、松平家忠は、信長に付き添って武田征伐から安土に帰還する途中の弥助について記している。[6]

上様御ふち候大うす進上申候、くろ男御つれ候、身ハすみノコトク、タケハ六尺二分、

名ハ弥介ト云

弥助に関する最後の記述は、再びフロイスの書簡になる。フロイスは彼の冒険譚に強い興味を示していたようだが、残念ながら弥助の本当の名前は記録していない。[7] この書簡は信長が死亡した年の十一月に上司宛に書かれた。

またビジタドールが信長に贈った黒奴が、信長の死後世子（著者注：信長の嫡男、信忠）の邸に赴き、相当長い間戦ってゐたところ、明智の家臣が彼に近づいて、恐るることなくその刀を差出せと言ったのでこれを渡した。家臣はこの黒奴をいかに処分すべきか明智に尋ねたところ、黒奴は動物で何も知らず、また日本人でない故これを殺さず、インドのパードレの聖堂に置けと言った。これによって我等は少しく安心した。

フロイスの書簡にはもう一カ所、黒人に関する記述があるのだが、フロイスが一貫して黒人の名前を記していないため、その黒人が弥助である確証はない。その記述は、一五八四年八月三十一日（天正十二年八月六日）付のイエズス会年報に登場する。[8]

ドン・プロタジヨは聖週（一五八四年四月十二日すなはち天正十二年三月十二日をもって始まる週間）となって、陣所に大砲二門を据附けた。これは日本では甚だ珍らしいもので、操縦する人は少かったが、この際偶然砲に装薬することのできる黒奴が一人居合せ、また隆信が不当に殺すことを命じたため、大村より高来に逃げて来たマルチニヨ Martinho といふキリシタンの兵士があってこの人が砲の狙をつけ、マラバル Malabar の人が火を附けた。

後世の文献について

現代に伝わる文献から、弥助の経歴は周囲の人々にとって驚きであり、興味の対象だったことがわかる。しかも、弥助の物語は実際に彼を知る者や見た者だけを惹きつけたのではなかった。そのことは、その後数百年にわたり、日本におけるカトリック教会史の文献に彼の話が少なくとも三回登場することからも明らかだ。その三点の文献の記述は、どれも一五八一（天正九）年のフロイスの報告書とはいささか異なっているものの、フロイスの記述を参考にしたものと思われる。フロイスの書簡は、ほかのイエズス会宣教師の日本からの報告書とともに編纂《へんさん》され、一五九八（慶長三）年に出版されており、当該文献の著者たちにも入手可能だった。

一点目の文献は、イエズス会史専門のフランス人歴史学者、フランソワ・ソリエが一六二七年に出版した『日本教会史』だ[9]。

パードレ・アレッサンドロはインドからムーア人を連れてきた。その男はモザンビーク出身で、ギニアのエチオピア人のように黒い肌をしていた。モザンビークは喜望峰近くにある国で、黒人《カフィア》と呼ばれる人々が暮らしている。その男が聖堂に到着するやいなや、市中《まち》の人々が見物に訪れた。パードレ・オルガンチノはその男を連れて信長を訪ねた。信長は大いに喜んだものの、我らが信長を愉しませるために墨を塗ったのではないかと考え、男の肌の色が生来のものであると信じなかった。しかしながら、帯から上の着物を脱がせて検分したあとは、信長もようやくこれを納得し、パードレ・ヴァリニャーノの訪問を許した。

二点目の文献は、ポルトガル人宣教師で歴史家でもある、アントニオ・フランシスコ・カルディムによって一六四〇年代に書かれた[10]。

ビジタドールは京都に到着し、信長を訪問した。信長は大いに彼を礼遇した。日本人は日本で見たことのない三つの事を賞賛した。一つ目はビジタドールの背の高さだ。ビジタドールは欧州人の中でも非常に背が高かった。次に、ビジタドールに随行したイエズス会に仕える小柄な黒人だ。これは、その男を観に多くの人々が集ったことからもわかる。というのも、日本人はそれまで黒人を見たことがなかったからだ。縮れた髪を褒める者もいれば、鼻を褒める者もあり、また日本語の話し方を褒める者もあった。信長は男の肌の色が生来のものであると信じず、帯から上の着物を脱ぐように命じ、その体を洗わせた。人々は大いに興味を持って、男の体を何度も洗ったが、それでも男の肌は黒いままだった。

三点目の文献は、イエズス会の宣教師である学者、ジャン・クラッセが一七一五年に出版した『日本西教史』である。[11]

(アレキサンドル・ワリニヤン)大師は印度より黒奴一人を倶したりしが、京に入る時衆人皆此奴を見んとして群聚せり。大師は此奴をして信長に謁せしめたる時、信長大に驚き、其膚色は人身の真色たることを信ずる能はざりしを以て、已むを得ず衣を脱し半身を顕はさしめ、仔細に点検して稍々真の膚色なることを信じたり。信長は師父等を厚遇し、大師は又日を期して再会を約したり。

謝辞

第一に、妻の潤子に感謝を伝えたい。延々とつづく弥助の話に辛抱強く付き合ってくれてありがとう（きっとこの先もまだつづくだろうけれど）。幸運なことに、彼女は深い興味を抱いてくれた。あるいは、少なくともそういうふりをしてくれた。

第二に、私の著作権代理人であるタトル・モリ エイジェンシーの玉置真波氏とその同僚の方々、とくに森健一社長と是則穂高氏、昼田三保氏に感謝を。彼らは初めての仕事相手である私の大雑把な原案に信頼を寄せ、エネルギーと時間を惜しみなく注いで、本書を仕上げる手助けをしてくれた。

第三に、編集者の川上純子氏、翻訳者の不二淑子氏の貢献に深く感謝している。ふたりは最終稿に不可欠な加筆修正の提案をし、本書のために尽力してくれた。それから、きわめて貴重なご意見を頂戴した著名な歴史作家、桐野作人先生にもこの場を借りて御礼申し上げたい。

第四に、最初の調査から本書の執筆まで助言と支援をしてくれた幅広い分野の友人と同僚たちに感謝を。快く取材に応じ、有益な助言を与えてくださったモザンビーク共和国大使館の方々、特に一等書記官のイルダ・トリゴ・ライヴォーゾ氏に深い感謝を捧げたい。日本大学法学部の馬渕彰教授、ライアン・ハートリー先生、ロンドン大学アジア・アフリカ研究所のタイモン・スクリーチ教授は興味深い見識を与えてくれ、私を前に進ませてくれた。狩野ハイディ氏には、翻訳と言語に関する助言に感謝を。それから、興味深い文化的洞察を与えてくれた愛知県立大学のワキーン・カステヤーノ講師にも感謝したい。

最後に、さまざまな形で私を助けてくれた世界中の人々に御礼を伝えたい。第三章で弥助についての考えを聞かせてくれた方々、フェイスブック内の〈インドとポルトガルの歴史〉グループや研究者向けSNS〈academia.edu〉を通して、オンライン上で調査の手がかりを提供し、行き詰まりを確認してくれた方々、それから京都を訪ねたとき、現地で私の質問に辛抱強く答えてくれた方々。すべての方々に感謝する。

著者あとがき

本書は「弥助」という歴史上の人物への尽きることのない興味から生まれた。私が初めて弥助と出会ったのは、二〇〇九年ごろのことだった。それ以来すっかり弥助に夢中になり、二〇一〇年に娘の恵怜奈《エレナ》が生まれる直前には、彼の逸話を基にした小説を書きはじめた。しかし、ほどなく息子の悠《ハルト》も家族に加わると、わが家の生活の大部分は子供たちで占められるようになった。また仕事面でも専門分野に直結する研究課題を優先し、長期雇用の安定を図る必要に迫られた。そんなわけで、残念ながら弥助を題材にした小説は二〇一五年初めまで書きかけのまま放置されることになった。

そうした状況でも日本と世界の史料を読むことだけはやめることなく、弥助とその他の歴史上の人物との接点を探しつづけ、やがて〝地球をめぐる探検と旅〟という未知の世界と出会うことになった。ここで言う旅とは、ヨーロッパ人が栄華と〝未踏の地〟を求めて開拓者となった旅のことではなく、十六〜十七世紀にさまざまな理由で地球上を移動した人たちの旅のことだ。そうした旅人の中には、何千年も異文化と接触し交流を続けてきた非ヨーロッパ人の後裔《こうえい》もいれば、弥助のように、運命のいたずらで自分と似た人種が足を踏み入れたことのない土地に行くことになった真のパイオニアもいた。

二〇一五年にほかの仕事がひと段落ついたとき、私は半分お蔵入りとなっていた弥助の件を思い出した。そこで小説化というアイデアはボツにして、弥助の人生に関する学術論文の執筆に取りかかることにした。論文の長さは数千語ほどになるだろうが、やりがいがありそうだと思った。ところが、その長さが一万五千語に達し、論文投稿規程の文字数を五千字オーバーしたところで、弥助には私が考えていた以上に語るべき物語があると気づいた。そんなわけで、この本が生まれることになったのだ。

当初、私は弥助と同じ境遇の人々は、男女問わず、たとえば奴隷のように憂慮すべき事情で海を渡らされた強制移民ばかりだろうと考えていた。しかし、そんな私の想定はやすやすと裏切られ、移民のすべてがこれに当てはまるわけではないことを知った。また奴隷制度は私が理解していた以上に幅広く、思わぬところにも海を渡る人々の物語があった。過酷な奴隷労働を課せられ、残虐な仕打ちと飢えに苦しんだ名も無き人々だけでなく、イスラム教国家の君主《スルタン》や高官、船乗り、側妻《そばめ》、探検者、旅人、愛人、海賊、料理人、武将、冒険者といった人々にも語るべき物語があったのだ。彼らにはみずからの体験を記す機会もなく、また国際社会の支配者層は上流階級の功績にばかり眼を向け、自分たちを支える「取るに足らない人々」のことは忘れがちである。そのため、普通は歴史の本にそうした市井の人々の体験が綴られることはない。弥助の物語は彼らを代表したものであり、何百万人もの人々が弥助を通じてそれぞれの人生を語っている。弥助は歴史に忘れられ無視されてきた人々に声を与える存在なのだ。

　私がこの本を書くに至ったきっかけは偶然だったが、書けば書くほど、それに値する題材だと実感した。しかし、執筆はそう簡単にはいかなかった。専門外の内容であり、また史料の数がきわめて少ないうえに、矛盾した記述や不正確な記述にあふれていた。難しい判断を迫られることも、子供の頃にしか使ったことのない想像力を駆使せざるをえないこともあった――弥助はどんな容貌だったのか？　彼の姿を見たとき信長はどんな反応をしたのか？　また、なぜ信長はその反応を示したのか？　つまり、この本の基となった弥助に関する論文を読んでくれた専門家の言葉を借りれば、こういうことになる。「君は最大主義者《マキシマリスト》的手法を取っているように思う。同じだけの確率で〝ないかもしれない〟場合にも、だいたいにおいて〝あるかもしれない〟方を採用している。とはいっても、史料が不充分な場合には、そうでもしないと先に進めないだろう」。その言葉は、本書のスタンスを端的に表している。

　本書の主題は弥助の人生を追うことだが、彼の人生を理解し分析するためには、十六世紀のアフリカ人と、彼らに関わった人々の航海と海外移住の実態についても光を当てる必要があると考えた。よって、本書の記述は、青年が旅したと思われる地球上の広範なエリア――アフリカから日本へ、さらに、おそらくは日本からどこかの国へ――に及んでいる。

もっとも重点を置いたのは、彼の人生を語るうえで鍵となる日本での暮らしである。世界のその他の地域についても、この本を書くために五、六年を費やして膨大な史料を読んだが、万一記述に誤りがあった場合には謹んで陳謝したい。

本書の目的は、アフリカの奴隷貿易とその世界的な影響に対して批判の眼を向けることでも、ある特定の文化的慣習――たとえ私たち現代人の眼には怪しげに映る行為だったとしても――を批判することでもない。あくまで事実は事実として、可能性は可能性として提示するよう努めた。現代人にとっては、本書に登場するさまざまな人物の行動や思考パターンが奇異に思え、ときには恐ろしくさえ感じられるかもしれない。しかし、その当時にはかならずしもそういう評価を下されていたわけではないのだ。

キリスト教徒やイスラム教徒が〝それぞれの〟神の御言葉を広めることが重要な責務だと考えていた世界では、人々を奴隷にすることは、奴隷の永遠の魂を救う行為だと見なされていた面もあった。また、たとえば日本では、敗北した敵将の討ち取った首を晒すことは残忍な行為ではなく、敬意の表れと考えられていた。事実、敵将の首級は戦場に同行した専門職人の手によって清められ、化粧をほどこされてから晒されたのである。

過去を振り返って批判することはたやすい。未来の人々も、おそらく私たちの時代を不信と恐怖を覚えながら振り返ることだろう。ほとんど意味のない大量消費も、世界が滅びる間際にタイタニック号でデッキチェアを並べ替えるような愚行の数々も。しかし、私は裁判官の立場に立って書くという誘惑には極力あらがい、冷静な観察者の目線で書くように努めた。その時代の良さや独特の雰囲気をよりよく伝えたかったからだ。そのせいで著者が人情味に欠けていると思われないことを祈りたい。

二〇一六年　東京にて

訳者あとがき

織田信長には黒人の家来がいた――戦国時代に黒人侍が存在したなど、まるでファンタジー小説のようだが、れっきとした史実である。

一五八一年二月、イエズス会の布教活動を査察するために来日した宣教師アレッサンドロ・ヴァリニャーノは、織田信長に謁見した際、自分の黒人従者を信長に献上した。その日から一五八二年六月に本能寺の変で信長が亡くなるまでの一年三カ月あまり、その黒人侍、弥助は信長の側近として仕えた。さらに弥助は本能寺の変の際にも同寺に宿泊し、その後、嫡男、信忠の戦いにも加勢している。「弥助」の名は歴史小説ファンにはおなじみだが、ここ近年ではテレビ、漫画、ゲームなどのキャラクターとしても幅広い人気を得ているので、ご存知の方も多いだろう。

弥助に関するおもな史料はわずかしかない。本書は、そんな数少ない史実の点と点を結び、ときに信憑性の低いとされる歴史史料もあえて取り上げて検証しながら、数奇な運命をたどった黒人侍の生涯の謎に挑んだ意欲的な歴史ノンフィクションである。

その途方もない作業に取り組んだ著者について紹介したい。著者のロックリー・トーマス氏（ご本人の希望により日本式に姓・名の順に表記する）は、イギリス、ベッドフォードシャー州出身で、二〇〇〇年にＪＥＴプログラム（語学指導等を行う外国青年招致事業）の参加者として来日した。鳥取県鳥取市鹿野町に二年間滞在して以来、日本在住歴は延べ十年に及ぶ。現在は、日本大学法学部の専任講師であり、研究分野は言語学習。なかでも外国語とそれ以外の教科を同時に教える内容原語統合型学習（ＣＬＩＬ）を専門とする。担当教科は歴史で、特に国際的視野に立った日本史、つまり〝英語で日本史を教える〟講義であるようだ。ロックリー氏は、弥助に関する論文を日本大学の論文集『桜文論叢』にも発表している。この論文がインターネット上に公開され、それをきっかけとして、第三章に登場する海外の多くの弥助ファンとの交流も始まったという。

本書を読んだとき、なによりも著者の弥助に対する深い興味と情熱に心を打たれた。ロックリー氏自身が弥助と同様に外国人であることも、著者の執筆意欲を後押ししたのかもしれない。本書は世界に先がけて日本で最初に刊行されるが、本来はロックリー氏が英語圏の読者に向けて弥助の生涯を紹介したいという思いから執筆されたものだ。本書はノンフィクションであるが、ときに通説や仮説を部分的に交え、読み物的な雰囲気も醸し出している。それは確かな史実を伝えるだけでなく、遠い異国に連れてこられた弥助という一人の人間の存在をリアルに感じてほしいという思いが込められているのではないだろうか。著者にとっては、弥助は遠い過去の歴史上の人物ではなく、もっと身近で敬愛する友人のような存在なのだろう。そして、世界中に著者と同じ思いを抱く人々がいるという事実にも驚かされた。人種問題にさまざまな角度からスポットが当てられている時代に、この作品が上梓されることは、偶然ではないのかもしれない。

また、織田信長という強い光と濃い影を併せもつ戦国武将に対する認識も新たにさせられた。黒人奴隷を家来として召し抱え、俸禄や私邸を与えて、正式な侍として遇したという事実は、まちがいなく織田信長という人物の光の部分を強めている。信長が家柄ではなく実力で家臣を評価したというのは有名な逸話だが、その態度は、たとえ相手が異国人であろうと変わらなかったということだ。弥助の存在は、偏見や先入観にとらわれない彼の思考の柔軟性をいっそう際立たせる。同時に、苛烈な行為で知られる信長が一年後も変わらず弥助をそばに置いていたという事実は、弥助が優秀で信頼のおける人物だったことを示している。この主従関係は、互いに評価を高めあう幸福なものだったにちがいない。

本書のなかでも特別重要な章は第五章の「弥助はどこから来たのか」である。このテーマについて、ここまで詳細な考察を試みた書籍はこれまでなかっただろう。著者は十六世紀の奴隷貿易と奴隷の状況を丹念に調べあげ、ポルトガルの海上帝国やイエズス会の布教活動との接点を探したうえで、ある仮説を導きだした。これは本書でも述べられているように、まさに〝歴史探偵〟のような作業である。あの織田信長に選ばれた小姓衆の中で、なぜ一介の黒人奴隷が遜色なく小姓を務めることができたのか？　その疑問に対するひとつの答えが提示されている。ぜひ読者のみなさまにも愉しんでいただければと思う。

なお、本書ではユリウス暦を使用したことをお断わりしておく。

訳出にあたり、質問に対して丁寧にご回答くださった歴史作家の桐野作人先生に御礼申し上げたい。それから拙訳を細やかな配慮で導いてくださった担当編集者の川上純子氏、翻訳の師匠である田口俊樹先生にも感謝を伝えたい。最後に、弥助との出会いを届けてくれた著者のロックリー・トーマス氏に、一読者として感謝を。

二〇一六年十二月

信長と弥助
本能寺を生き延びた黒人侍

2017年2月7日　第1版第1刷発行
2021年6月6日　第1版第4刷発行

著者●ロックリー・トーマス

訳者●不二淑子

ブックデザイン●奥定泰之

編集●川上純子（株式会社 LETRAS）

編集協力●稲泉広平

発行人●落合美砂

発行所●株式会社　太田出版
〒160-8571　東京都新宿区愛住町22　第3山田ビル4F
［TEL］03-3359-6262　［振替］00120-6-162166
［ホームページ］http://www.ohtabooks.com/

印刷・製本●株式会社　シナノパブリッシングプレス

ISBN 978-4-7783-1556-6 C0021

原注および参考文献

第一章　日本上陸と信長との謁見

[1] Ota Gyuichi, *The Chronicle of Lord Nobunaga* (J.S.A Elisonas & J.P. Lamers Trs. and Eds.). (Leiden, NL: Brill, 2011). (『新訂 信長公記』太田牛一著、桑田忠親校注、1997年、新人物往来社)

[2] J. F. Moran, *The Japanese and the Jesuits: Alessandro Valignano in sixteenth century Japan* (Abingdon: Routledge, 1993).

[3] 史籍集覧第二十五冊「信長公阿弥陀寺由緒之記録」近藤瓶城・近藤圭造編 1902年、近藤出版部 p.429-431

[4] Charles, J. Borges, *The Economics of the Goa Jesuits 1542-1759. An Explanation of their Rise and Fall* (New Delhi: Concept Publishing Company, 1994), p.48.

[5] Moran, *The Japanese and the Jesuits.*

[6] dom Theotonio Bragança, *Cartas* II, 65v: Murakami and Yanagiya, *Jesuit reports from Japan, Volume I,* p.214. (『イエズス会日本年報 上 新異国叢書 3』村上直次郎訳、柳谷武夫編輯、1969年、雄松堂出版)

[7] Ota, *The Chronicle of Lord Nobunaga.*

第二章　弥助の来歴を紐解く

[1] Hugo Cardoso, "African slave population of Portuguese India: Demographics and impact on Indo- Portuguese," *Journal of Pidgin and Creole languages* (2010) 25(1), p.95-119.

[2] Malyn Newitt, *A History of Mozambique* (London: Hurst and Company, 1995), p.6.

[3] Screech, *The Black in Japanese Art.*

[4] Leupp, "Images of black people.": Russell, "The other other."

[5] Farris, *Japan to 1600,* p.179.

[6] Turnbull, *The Samurai Sourcebook,* p.68, p.73.

[7] Ota, *The Chronicle of Lord Nobunaga,* p.118.

[8] Farris, *Japan to 1600,* p.183.

[9] Cocks, *Diary of Richard Cocks II,* p. 161.

[10] Ota, *The Chronicle of Lord Nobunaga,* p.425.

[11] John Thornton, "The art of war in Angola, 1575-1680," *Comparative studies in society and history* (1988) 30(2), p.360-378.
[12] Newitt, *A History of Mozambique*.
[13] Indrani Chatterjee and Richard Eaton, *Slavery and South Asian History* (Bloomington: Indiana University Press, 2006).
[14] Timon Screech, "The English and the control of Christianity in the early Edo period," *Japan Review* (2012) 24, p.3-40.
[15] Ota, G. (c1610) Autographed draft of *The Chronicle of Lord Nobunaga* in the collection of Sonkeikakubunko (The Maeda Clan archives), Tokyo.
[16] J. L. McClain, 1980. Castles Towns and Daimyo Authority: Kanazawa in the Years 1583-1630. Journal of Japanese Studies, 6(2), p.267-299.
[17] Turnbull, *The Samurai Sourcebook*, p.147 – 148.
[18] Turnbull, *The Samurai Sourcebook*, p.177.
[19] Turnbull, *The Samurai Sourcebook*, p.148.
[20] Takeuchi, *Ietada's Diary I*, p.227: Morimoto, *Matsudaira Ietada's Diary*, p.39.（『松平家忠日記』盛本昌弘著、1999年、角川書店）
[21] Paul, B. Kennelly (2002). The Tale of Tokubei from India, in James R. Brandon & Samuel L. Leiter (eds.) *Kabuki Plays on Stage: Darkness and Desire*, 1804-1864. Honolulu: University of Hawai'i Press.
[22] Donald Keene (1951) *The Battles of Coxinga: Chikamatsu's Puppet Play, Its Background and Importance*. Cambridge: Cambridge University Press.
[23] Screech, *The Black in Japanese Art*.
[24] Farris, *Japan to 1600*.
[25] Ibid.
[26] Ibid.
[27] Screech, personal communication.

第三章　現代に伝わる弥助伝説

[1] Reginald Kearney, *African American Views of the Japanese: Solidarity or Sedition?* (New York: State University of New York Press, 1998)
[2] Polenghi, *Samurai of Ayutthaya*.
[3] Yoshio Kurusu, *Kurosuke* (Tokyo: Iwasaki Shoten, 1968).（『くろ助』来栖良夫著、1968年、岩崎書店）
[4] Naoko Shibusawa, *America's Geisha Ally: Reimagining the Japanese Enemy* (Cambridge, MA: Harvard University Press, 2010).

[5] KOEI TECMO Games Company Ltd., Nobunaga's Ambition: Sphere of Influence, Retrieved on Arpil 25, 2016 from http://www.nobunagasambition.eu（『信長の野望・創造』2013年、コーエー・テクモゲームス）
[6] Fuji Television Network, *Nobunaga Concerto,* Retrieved on April 25, 2016 from, http://www.fujitv.co.jp/nobunaga-concerto-anime/（〈信長協奏曲〉2014年、フジ・テレビジョン）
[8] Paramount Televiosn, *10,000 Black Men named George,* 2002.
[9] Romain Mielcarek, Radio France International (Feb 1, 2015), *Yasuke: le premier samouraï étranger était africain,* Retreived on January 19, 2016 from http://www.rfi.fr/hebdo/20150102-yasukesamurai-samourai-etranger-africain-mozambique-japon March 11, 2016.
[10] Gavin Menzie, *1421: The Year China Discovered The World* (London: Corgi, 2003).
[11] Marius Jansen, *The Making of Modern Japan* (Cambridge, MA; Belknap Press, 2000).

第四章　弥助が生きた時代

[1] William Corr, *Adams the Pilot: The Life and Times of Captain William Adams,* 1564-1620 (Abingdon: Routledge, 1995).
[2] William de Lange, *Pars Japonica. The First Dutch Expedition to Reach the Shores of Japan* (Warren,CT: Floating World Editions, 2006).
[3] Paramount Television, *Shogun,* 1980.（日本語版タイトル〈将軍 SHOGUN〉）
[4] J. E. Van Sant, *Pacific Pioneers: Japanese Journeys to America and Hawaii,* 1850-80, (Urbana and Chicago: University of Illinois Press, 2000).
[5] James B. Lewis, *Frontier Contact Between Choson Korea and Tokugawa Japan* (Abingdon: Routledge, 2003).
[6] Lewis, *Frontier Contact.*
[7] Luís Fróis, *Historia de Japam* (Lisbon: Biblioteca National de Lisboa, 1984), p.59（『完訳フロイス日本史』ルイス・フロイス著、松田毅一・川崎桃太訳、2000年、中央公論新社）: Murakami Naojiro and Yanagiya Takeo, *Jesuit Reports from Japan, Volume I* (Tokyo: Yushodo, 2002), p.341.（『イエズス会日本年報 上』）
[8] de Lange, *Pars Japonica.*
[9] Richard Cocks, *Diary of Richard Cocks, cape-merchant in the English factory in Japan 1615-1622.Volume I.* In Thompson E. M. (ed.) (London:

The Hakluyt Society, 1883a); Richard Cocks, *Diary of Richard Cocks, cape-merchant in the English factory in Japan 1615-1622. Volume II*. In Thompson E. M. (ed.) (London: The Hakluyt Society, 1883b). (『日本関係海外史料 イギリス商館長日記』リチャード・コックス著、東京大学史料編纂所編纂　1979年、東京大学出版会)

[10] Cocks, *Diary of Richard Cocks II*, p.59.

[11] Cesare Polenghi, *Samurai of Ayutthaya: Yamada Nagamasa, Japanese warrior and merchant in early seventeenth-century Siam* (Bangkok: White Lotus Press, 2009).

[12] Tonio Andrade, *Lost Colony: The Untold Story of China's First Great Victory over the West* (New Jersey: Princetown University Press, 2013): Marius Jansen, *China in the Tokugawa World* (Cambridge,MS: Harvard University Press, 1992).

[13] Takeuchi, Rizo, *Ietada's Diary I*. (Kyoto: Rinsen, 1968), p.227. (『家忠日記』松平家忠著、竹内理三編、1968年、臨川書店）：Morimoto Masahiro, *Matsudaira Ietada's Diary* (Tokyo: Kadokawa Sensho, 1999), p.39. (『松平家忠日記』)

[14] Nagahara Keiji and Kozo Yamamura, Shaping the Process of Unification: Technological Progress in Sixteenth- and Seventeenth-Century Japan, *Journal of Japanese Studies*, 14(1), 1988, p.77-109.

[15] Stephen Turnbull, *The Samurai Sourcebook* (London: Cassell and Co., 1998).

[16] William Wayne Farris, *Japan to 1600: A Social and Economic History* (Honolulu: University of Hawai'i Press, 2009).

[17] Ota Gyuichi, *The Chronicle of Lord Nobunaga* (J.S.A Elisonas & J.P. Lamers Trs. and Eds.). (Leiden, NL: Brill, 2011): William Wayne Farris, *Japan to 1600: A Social and Economic History* (Honolulu: University of Hawai'i Press, 2009).

[18] Michael Lorimer, *Sengokujidai: Autonomy, Division and Unity in Later Medieval Japan* (London: Olympia Publishers, 2008).

[19] Joshua A. Fogel, *Articulating the Sinosphere. Sino-Japanese Relations in Space and Time* (Cambridge, MA: Harvard University Press, 2009).

[20] Turnbull, *The Samurai Sourcebook*.

[21] Anthony Farrington, The Cargo of Broadcloth Carried in the East India Company's Eighth Voyage.In *Asian Trade Routes: Continental and Mara-*

time (Karl Reinhold Heallquist, Ed.), p.193-198.(Abingdon: Routledge, 1991): Stephen Morillo, "Guns and government: A comparative study of Europe and Japan," *Journal of World History* (1995) 6(1), p.75-106.
[22] Turnbull, *The Samurai Sourcebook.*
[23] Thomas Nelson, "Slavery in Medieval Japan," *Monumenta Nipponica* (2004) 59(4), p.463- 492.
[24] Gary Leupp, "Images of black people in late mediaeval and early modern Japan 1543-1900," *Japan Forum* (1995) 7(1), p.1-13.
[25] Amy Stanley, *Selling Women: Prostitution, markets, and the household in early modern Japan* (Berkeley: University of California Press, 2012).
[26] James Francis Warren, Ah ku and karayuki-san (Honolulu: University of Hawai'i Press, 2003).
[27] Nelson, "Slavery in Medieval Japan."
[28] J. F. Moran, *The Japanese and the Jesuits: Alessandro Valignano in sixteenth century Japan* (Abingdon: Routledge, 1993).
[29] Moran, *The Japanese and the Jesuits.*
[30] Richard B. Allen, *European Slave Trading in the Indian Ocean, 1500-1850* (Athens, Ohio: Ohio University Press, 2014): Giles Milton, *White Gold: The Extraordinary Story of Thomas Pellow and North Africa's One Million European Slaves* (London: Hodder and Stoughton, 2004).
[31] A.C. de C. M. Saunders, *A social history of black slaves and freedmen in Portugal, 1441-1555* (Cambridge: Cambridge University Press, 1982).
[32] Allen, *European Slave Trading in the Indian Ocean.*
[33] Farris, *Japan to 1600.*
[34] Ibid.
[35] Fogel, *Articulating the Sinosphere.*
[36] Stephen Turnbull, *Pirate of the Far East: 811-1639* (Oxford: Osprey Publishing, 2007).
[37] Lewis, *Frontier Contact.*
[38] Yasunori Arano, *Early Modern Japan and East Asia.* (Tokyo: Tokyo University Press, 1988)（『近世日本と東アジア』荒野泰典著、1988年、東京大学出版会）: Ronald Toby, *State and Diplomacy in Early Modern Japan: Asia in the Development of the Tokugawa Bakufu* (Princeton: Princeton University Press, 1983).
[39] Ota, *The Chronicle of Lord Nobunaga.*

[40] A.J.R. Russell-Wood, *The Portuguese Empire, 1415-1808. A World on the Move* (Baltimore and London: The Johns Hopkins University Press, 1992).
[41] Yasunori Arano, *Early Modern Japan and East Asia.*
[42] George Kerr, *Okinawa: the History of an Island People* (Boston: Tuttle, 2000).
[43] Lewis, *Frontier Contact*; Ota, *The Chronicle of Lord Nobunaga.*
[44] Brett L. Walker, *The Conquest of Ainu Lands: Ecology and Culture in Japanese Expansion, 1590-1800* (Berkeley, CA: University of California Press, 2006).
[45] Turnbull, *The Samurai Sourcebook.*
[46] Eiichiro Takahata, "Religious accommodation in Japan," *Brigham Young University Law Review* (2009) 3, p.729-750: Farris, *Japan to 1600.*
[47] George M. Wilson, *Patriots and redeemers in Japan: Motives in the Meiji Restoration* (Chicago: Chicago University Press, 1992).
[48] Farris, *Japan to 1600*, p.186.
[49] Ota, *The Chronicle of Lord Nobunaga.*
[50] Turnbull, *The Samurai Sourcebook.*
[51] William J. O'Malley, *The Fifth Week* (Chicago: Loyola Press, 1996).
[52] Cooper, *They came to Japan*, p.60.
[53] Johannes Laures, Notes on the Death of Ninshitsu, Xavier's Bonze Friend, *Monumenta Nipponica*, 8(1/2), 1952, p.407-411.
[54] John Dougill, *In Search of Japan's Hidden Christians: A Story of Suppression, Secrecy and Survival* (Tokyo: Tuttle, 2012), p.99.
[55] Moran, *The Japanese and the Jesuits.*
[56] Ibid.
[57] M. Antoni J. Üçerler, "Alessandro Valignano: man, missionary, and writer," *Renaissance Studies* 17(4) (2003), p.337-366.
[58] Üçerler, "Alessandro Valignano."
[59] Ibid.
[60] Moran, *The Japanese and the Jesuits.*
[61] Ibid.
[62] Michael Cooper, *Rodrigues the Interpreter: an early Jesuit in Japan and China* (New York & Tokyo: Weatherhill, 1974).
[63] Takeuchi, *Ietada's Diary I*: Morimoto, *Matsudaira Ietada's Diary*: John Russell, "The other other." In Weiner, M. (ed.) *Japan's minorities: The illu-*

sion of homogeneity (London and New York: Routledge, 2009).（『松平家忠日記』）
[64] Moran, *The Japanese and the Jesuits.*
[65] Naojiro Murakami, The Jesuit Seminary of *Azuchi, Monumenta Nipponica,* 6(1/2), 1943, p.370-374.
[66] Diego Pacheco, "The founding of the port of Nagasaki and its cession to the Society of Jesus," *Monumenta Nipponica* (1970) 25(3/4), p.303-323.
[67] Pacheco, "The founding of the port of Nagasaki."
[68] Jansen, *China in the Tokugawa World.*
[69] Russell, "The other other."
[70] Gary Leupp, "Images of black people."
[71] Adam Clulow, *The Company and the Shogun: The Dutch Encounter with Tokugawa Japan* (New York: Columbia University Press, 2014).
[72] Ota, *The Chronicle of Lord Nobunaga.*
[73] Takahata, "Religious accommodation in Japan."
[74] Morillo, *Guns and government.*
[75] Farris, *Japan to 1600*: Turnbull, *The Samurai Sourcebook.*
[76] Lorimer, *Sengokujidai.*
[77] Hubert Cieslik, *Soldo Organtino: The Architect of the Japanese Mission* (Tokyo: Sophia University, 2005). http://pweb.cc.sophia.ac.jp/britto/xavier/cieslik/ciejmj06.pdf（2015年8月10日にアクセス）
[78] Moran, *The Japanese and the Jesuits.*
[79] Robert Morrell, "Passage to India denied: Zeami's Kasuga Ryujin," *Monumenta Nipponica* (1982) 37(2), p.179-200.
[80] Michael Keevak, *Becoming yellow: A short history of racial thinking* (Princetown: Princetown University Press, 2011).
[81] Robert Morrell, "Passage to India denied."
[82] Leupp, "Images of black people."
[83] Leupp, "Images of black people.": Russell, "The other other."
[84] Cocks, *Diary of Richard Cocks II.*
[85] Cooper, *They came to Japan,* p.66.
[86] Alexandra Curvelo, *Nanban Folding Screen Masterpieces: Japan-Portugal XVIIth Century* (Paris: Editions Chandeigne, 2015): Timon Screech, The Black in Japanese Art: From the beginnings to 1850. In (Ed. David Bindman) *The Black in Asian Art* (Cambridge, MS: Harvard University Press,

Forthcoming).
[87] Curvelo, *Nanban Folding Screen Masterpieces.*
[88] Ibid.
[89] C.R. Boxer, *Fidalgos in the Far East, 1550-1770* (The Hague: Martinus Nijhoff, 1948), p.23.
[90] Judith C. Brown, "Courtiers and Christians: The First Japanese Emissaries to Europe," *Renaissance Quarterly*, 47(4), 1994, p.872-906.
[91] Anthony Farrington, The Cargo of Broadcloth Carried in the East India Company's Eighth Voyage. In *Asian Trade Routes: Continental and Maritime* (Karl Reinhold Heallquist, Ed., 1991), p.193-198. (Abingdon: Routledge)
[92] Brown, "Courtiers and Christians: The First Japanese Emissaries to Europe."

第五章　弥助はどこから来たのか

[1] François Gipouloux, *The Asian Mediterranean. Port Cities and Trading Networks in China, Japan and Southeast Asia, 13th-21st Century* (Cheltenham, UK and Northampton, MA, USA: Edward Elgar, 2011).
[2] Daniel Headrick, *Power over Peoples: Technology, Environments, and Western Imperialism, 1400 to the Present* (New Jersey: Princeton University Press, 2012).
[3] Newitt, *A History of Mozambique.*
[4] Ibid.
[5] Georges Balandier, *Daily Life in the Kingdom of Kongo. From the Sixteenth to the Eighteenth Century* (New York: Pantheon Books, 1968).
[6] Philip Caraman, *The Lost Empire: The Story of the Jesuits in Ethiopia* (Indiana: University of Notre Dame Press, 1985).
[7] Chatterjee and Eaton, *Slavery and South Asian History.*
[8] Newitt, *A History of Mozambique.*
[9] Headrick, *Power over Peoples: Allen, European Slave Trading in the Indian Ocean, 1500-1850.*
[10] Üçerler, "Alessandro Valignano."
[11] Ibid.
[12] Newitt, *A History of Mozambique.*
[13] Ibid.

[14] Elizabeth Isichei, *A History of African Societies to 1870* (Cambridge: Cambridge University Press, 1997).
[15] Newitt, *A History of Mozambique.*
[16] Borges, *The Economics of the Goa Jesuits 1542-1759.*
[17] Ibid.
[18] Moran, *The Japanese and the Jesuits.*
[19] Michael Cooper, *The Japanese Mission to Europe, 1582-1590: The Journey of Four Samurai Boys through Portugal, Spain and Italy.* (Folkestone: Global Oriental, 2005).
[20] Headrick, *Power over Peoples.*
[21] George Bryan Souza, *The Survival of Empire: Portuguese Trade and Society in China and the South China Sea 1630-1754* (Cambridge: Cambridge University Press, 1986).
[22] Souza, *The Survival of Empire.*
[23] Farris, *Japan to 1600.*
[24] Turnbull, *Pirate of the Far East.*
[25] Fogel, *Articulating the Sinosphere.*
[26] Souza, *The Survival of Empire.*
[27] Moran, *The Japanese and the Jesuits.*
[28] Üçerler, "Alessandro Valignano."
[29] Allen, *European Slave Trading in the Indian Ocean,* 1500-1850.
[30] Chatterjee and Eaton, *Slavery and South Asian History.*
[31] Moran, *The Japanese and the Jesuits.*
[32] Russell-Wood, *The Portuguese Empire,* 1415-1808.
[33] McKee, Sally (2008) "Domestic Slavery in Renaissance Italy." *Slavery and Abolition,* 29(3), p.305-326.
[34] McKee, "Domestic Slavery in Renaissance Italy."
[35] Saunders, *A social history of black slaves.*
[36] Üçerler, "Alessandro Valignano."
[37] Saunders, *A social history of black slaves.*
[38] Isichei, *A History of African Societies to 1870,* p.392.
[39] Balandier, *Daily Life in the Kingdom of Kongo.*
[40] Balandier, *Daily Life in the Kingdom of Kongo.*
[41] Saunders, *A social history of black slaves.*
[42] Balandier, *Daily Life in the Kingdom of Kongo.*

[43] Ibid.

[44] Ibid.

[45] Ibid.

[46] Saunders, *A social history of black slaves.*

[47] Ibid.

[48] Gary Leupp, *Interracial intimacy in Japan: 1543-1900* (London and New York: Continuum, 2003).

[49] Headrick, *Power over Peoples.*

[50] Saunders, *A social history of black slaves.*

[51] Chatterjee and Eaton, *Slavery and South Asian History.*

[52] Tokyo Broadcasting System, Discoveries of the world's mysteries (2013). (『世界ふしぎ発見！』東京放送) http://www.tbs.co.jp/f-hakken/bknm/20130608/p_1.html（2015年2月21日にアクセス）

[53] Newitt, *A History of Mozambique.*

[54] Mark Moritz, *Farmer-herder conflicts in Sub-Saharan Africa* (The Encyclopedia of Earth, 2009). http://www.eoearth.org/view/article/152734（2016年4月28日に情報取得）

[55] Newitt, *A History of Mozambique.*

[56] Allen, *European Slave Trading in the Indian Ocean, 1500-1850.*

[57] Ibid.

[58] Cardoso, "African slave population of Portuguese India."

[59] Boxer, *Fidalgos.*

[60] Allen, *European Slave Trading in the Indian Ocean, 1500-1850.*

[61] Ibid.

[62] Cardoso, "African slave population of Portuguese India."

[63] Caraman, *The Lost Empire.*

[64] Jayasuriya and Pankhusts (eds.), *The African Diaspora in the Indian Ocean.*

[65] Omar H. *Ali, Malik Ambar: Power and Slavery Across the Indian Ocean* (Oxford: Oxford University Press, 2016).

[66] Jayasuriya and Pankhusts (eds.), *The African Diaspora in the Indian Ocean.*

[67] Ibid.

[68] Ibid.

[69] Caraman, *The Lost Empire*, p.199.

[70] Caraman, *The Lost Empire*, p.15.

[71] Mohammed Hassen, *The Oromo and the Christian Kingdom of Ethiopia: 1300-1700* (Woodbridge, UK: James Currey, 2015): Ali, *Malik Ambar*.

[72] Ali, *Malik Ambar*.

[73] Jayasuriya and Pankhusts (eds.), *The African Diaspora in the Indian Ocean*: Ali, *Malik Ambar*.

[74] Lewis Anei Madut-Kuendit (2015). *The Dinka History the Ancients of Sudan*. Perth, Australia: Africa World Books

[75] Caraman, *The Lost Empire*.

[76] Ibid.

[77] John Alembillah Azum, *The Legacy of Arab-Islam In Africa: A Quest for Inter-religious Dialogue* (London: Oneworld Publications Ltd, 2001).

[78] BBC News April 18, 2016, Ethiopia army seeks to rescue children abducted from Gambella. Retrieved April 20, 2016 from http://www.bbc.com/news/world-africa-36071090; Anti-Slavery International, retrieved April 20, 2016 from http://www.antislavery.org/english/?pr= .

[79] Ali, *Malik Ambar*.

[80] Ibid.

[81] Ali, *Malik Ambar*; Jayasuriya and Pankhusts (eds.), *The African Diaspora in the Indian Ocean*.

[82] Ali, *Malik Ambar*.

[83] Jayasuriya and Pankhusts (eds.), *The African Diaspora in the Indian Ocean*.

[84] Don J. Wyatt, *The Blacks of Premodern China* (Philadelphia: University of Pennsylvania Press). Isabel Morais, "China Wahala": the Tribulations of Nigerian "Bushfallers" in a Chinese Territory, *Transtext(e)s Transcultures* 2009, 5. (『跨文本跨文化』)

[85] Jayasuriya and Pankhusts (eds.), *The African Diaspora in the Indian Ocean*; Ali, *Malik Ambar*.

[86] Jayasuriya and Pankhusts (eds.), *The African Diaspora in the Indian Ocean*, p.200.

[87] Jayasuriya and Pankhusts (eds.), *The African Diaspora in the Indian Ocean*.

[88] Jayasuriya and Pankhusts (eds.), *The African Diaspora in the Indian Ocean*; Chatterjee and Eaton, *Slavery and South Asian History*.

[89] Jayasuriya and Pankhusts (eds.), *The African Diaspora in the Indian Ocean*;

Chatterjee and Eaton, *Slavery and South Asian History.*

[90] Chatterjee and Eaton, *Slavery and South Asian History.*

[91] Ali, *Malik Ambar.*

[92] Jayasuriya and Pankhusts (eds.), *The African Diaspora in the Indian Ocean.*

[93] Ibid.

[94] Jayasuriya and Pankhusts (eds.), *The African Diaspora in the Indian Ocean*: Chatterjee and Eaton, *Slavery and South Asian History.*

[95] Jayasuriya and Pankhusts (eds.), *The African Diaspora in the Indian Ocean.*

[96] Ibid.

[97] Ali, *Malik Ambar.*

[98] Chatterjee and Eaton, *Slavery and South Asian History.*

[99] Matteo Salvadore, "The Jesuit Mission to Ethiopia (1555-1634) and the Death of Prester John." In Allison B. Kavey (ed.), *World-Building and the Early Modern Imagination,* New York: Palgrave Macmillan, 2010, 141–172.

[100] Salvadore, "The Jesuit Mission to Ethiopia (1555-1634) and the Death of Prester John."

[101] Salvadore, "The Jesuit Mission to Ethiopia (1555-1634) and the Death of Prester John."

[102] Caraman, *The Lost Empire*: Salvadore, "The Jesuit Mission to Ethiopia (1555-1634) and the Death of Prester John."

[103] Salvadore, "The Jesuit Mission to Ethiopia (1555-1634) and the Death of Prester John."

[104] Arimichi Ebisawa, Irmao Lourenco, the First Japanese Lay-Brother of the Society of Jesus and his Letter, *Monumenta Nipponica,* 5(1), 1942, p.225-233.

[105] African-origins, http://www.african-origins.org/ (2016年2月28日に情報取得)

[106] Hassen, *The Oromo.*

[107] Isichei, *A History of African Societies to 1870.*

[108] Ian. D. Dicks, *An African Worldview. The Muslim Amacinga Yawo of Southern Malawi* (Zomba, Malawi: Kachere Series, 2012).

[109] Ian. D. Dicks, *An African Worldview. The Muslim Amacinga Yawo of Southern Malawi* (Zomba, Malawi: Kachere Series, 2012), p.13.

[110] Isichei, *A History of African Societies to 1870.*

[111] Ibid.

[112] Dicks, *An African Worldview.*
[113] Ibid.
[114] Newitt, *A History of Mozambique.*

第六章　信長の死後の弥助

[1] Screech, *The Black in Japanese Art.*
[2] Cooper, *Rodrigues the Interpreter,* p. 95.
[3] O'Malley, *The Fifth Week.*
[4] Fróis, *Historia de Japam.* Murakami and Yanagiya, *Jesuit Reports from Japan, Volume I,* p.341.（『イエズス会日本年報 上』）
[5] Stephen Turnbull, *Ninja AD 1460-1650* (Oxford :Osprey Publishing , 2003).
[6] de Lange, *Pars Japonica.*
[7] Delmer M. Brown, The Impact of Firearms on Japanese Warfare, 1543-98, *The Far Eastern Quarterly,* 7(3), 1948, p.236-253.
[8] Cocks, *Diary of Richard Cocks II.*
[9] Cocks, *Diary of Richard Cocks II*; Moran, *The Japanese and the Jesuits.*
[10] Stephen Turnbull, "Onward, Christian Samurai! The Japanese expeditions to Taiwan in 1609 and 1616," *Japanese Studies* (2010) 30(1), p.3-21.
[11] Hiroshi Wagatsuma, "The social perception of skin color in Japan," *Daedalus* (1967) 96(2).
[12] Wagatsuma, "The social perception of skin color in Japan," p.443.
[13] Edmond Papinot, *Dictionaire d'Histoire et de Géographie du Japon (A dictionary of Japanese history and geography)* (Tokyo, Yokohama, Shanghai & Singapore: Kelly and Walsh, 1906).
[14] Shikano Board of Education, *Our Shikano* (2005), http://www.shikano.net/db/dic/kamei2.html.（2015年8月31日にアクセス）（「わたしたちの鹿野」）
[15] Shikano Board of Education.（「わたしたちの鹿野」）
[16] Haruna Akira, Tanaka Shosuke (Tokyo: Asahi Newspapers, 1994).（『朝日 日本歴史人物事典』1994年、朝日新聞社、「田中勝介」解説、春名徹）
[17] Cooper, *The Japanese Mission to Europe, 1582-1590.*
[18] Ibid.
[19] Lúcio De Sousa, *The Early European Presence in China, Japan, The Philippines and Southeast Asia (1555-1590)—The Life of Bartolomeu*

Landeiro (Macao: Macao Foundation, 2010).
[20] Ota, *The Chronicle of Lord Nobunaga.*
[21] Saunders, *A social history of black slaves.*
[22] Souza, *The Survival of Empire*, p.33.
[23] Wyatt, *The Blacks of Premodern China*: De Sousa, *The Early European Presence in China*; J.K. Chin, A Hokkien Maritime Empire in the East and South China Seas, 1620-83. In *Persistent Piracy: Maritime Violence and State Formation in Global Historical Perspective* by Stefan Eklöf Amirell and Leos Müller (Eds.). 2014. (Basingstoke: Palgrave MacMillan), p.100-103; MORAIS, "China Wahala": the Tribulations of Nigerian "Bushfallers" in a Chinese Territory."
[24] Wyatt, *The Blacks of Premodern China* : Allen, *European Slave Trading in the Indian Ocean.*
[25] De Sousa, *The Early European Presence in China.*
[26] Ibid.
[27] Chin, *A Hokkien Maritime Empire*, p.100-103.
[28] Chin, *A Hokkien Maritime Empire.*
[29] Jayasuriya and Pankhusts (eds.), *The African Diaspora in the Indian Ocean*, p.216.
[30] Fatima da Silva Gracias, *Kaleidoscope of Women in Goa, 1510-1961* (New Delhi: Concept Publishing Company, 1996), p.63.

付録　第一章「日本上陸と信長との謁見」に関する補足史料

[1] dom Theotonio Bragança, *Cartas* II, f. 3v-4: Murakami and Yanagiya, *Jesuit reports from Japan, Volume I*, p.120, p.124. (『イエズス会日本年報 上』)
[2] Ota, *The Chronicle of Lord Nobunaga*, pp. 385-386.
[3] Screech, *The Black in Japanese Art.*
[4] dom Theotonio Bragança, *Cartas* II, f. 3v-4: Murakami and Yanigaya, *Jesuit reports from Japan, Volume I*, p.163. (『イエズス会日本年報 上』)
[5] Kaneko Hiraku, *The History of Oda Nobunaga: Interpreting the Nobunaga diaries*, pp. 311-312. (『織田信長という歴史「信長記」の彼方へ』金子拓著、2009年、勉誠出版)
[6] Takeuchi, *Ietada's Diary I*, p.227: Morimoto, *Matsudaira Ietada's Diary*, p.39. (『松平家忠日記』)

[7] dom Theotonio Bragança, *Cartas* II, 65v: Murakami and Yanagiya, *Jesuit reports from Japan, Volume I*, p.216.（『イエズス会日本年報 上』）

[8] Fróis, *Historia de Japam*. Murakami and Yanagiya, *Jesuit Reports from Japan, Volume I*, p.341.（『イエズス会日本年報 上』）

[9] François Solier, *Histoire Ecclesiastique Des Isles Et Royaumes Du Japon*（*The ecclesiastical history of the islands and kingdoms of Japan*）(Paris: S. Cramoisy, 1627), p.444.

[10] Antonio Francisco Cardim, cited in Curvelo, *Nanban Folding Screen Masterpieces*, p.133.

[11] Jean Crasset, *Histoire de l'Église du Japon*（*History of the Japanese Church*）(Paris: François Montalant, 1715).（『日本西教史』ジャン・クラッセ著、太政官翻訳係訳、1880年、坂上半七）

図版一覧

明記されていない写真はすべて19世紀に撮影されたもの。そのため弥助が見た風景と同一ではないが、可能なかぎり弥助の時代の風景に近い写真を選んで収録した。

p.11 口之津 Picture in the possession of the author.
p.25 安土城図 Courtesy of Osaka Castle Museum.
p.39『本能寺焼討之図』Courtesy of The Nagoya Hideyoshi Kiyomasa Memorial Hall, Nagoya.
p.101 クロ助 Image courtesy of Iwasaki Shoten, Tokyo.
p.107 ティーンエイジャー向けの漫画コースの広告イラスト Courtesy of, and drawn by, Keville A. Bowen.
p.135 ヴァリニャーノを描いた17世紀の版画 Courtesy of Raynor Memorial Libraries, Marquette University, USA.
p.137 南禅寺 Picture in the possession of the author.
p.139 長崎湾入口 Picture in the possession of the author.
p.141 イエズス会士の眼から見た織田信長 Courtesy of Sanpu Temple, Yamagata Prefecture.
p.147 1950年代の硯箱 Courtesy of Paulo de Cunha donation, Fundação Abel e João de Lacerda – Museu do Caramulo.
p.149 17世紀の狩野派の屏風絵 Courtesy of the Rijksmuseum, Amsterdam.
p.151 槍を持つアフリカ人護衛 Courtesy of the Rijksmuseum, Amsterdam.
日本式の弓を持つアフリカ人護衛 Courtesy of The Museu Nacional de Soares dos Reis, Porto.
p.153 天正遣欧使節 Courtesy of Kyoto University.
p.163 ゴアの様子 Courtesy of The Hebrew University of Jerusalem and The Jewish National and University Library.
p.171 アレッサンドロ・デ・メディチ Courtesy of the Philadelphia Museum of Art, John G. Johnson Collection, Cat. 83.
p.181 伝統的な戦装束をまとった戦士 Picture in possession of the author.
p.185 アビシニア人戦士　Illustration in the possession of the author.
p.193 マリク・アンバー Courtesy of The Victoria and Albert Museum.